담요와 스프

Blankets and Soup

예영커뮤니케이션

담요와 스프

Blankets and Soup

초판 1쇄 찍는 날 · 2006년 4월 1일 | 초판 1쇄 펴낸 날 · 2006년 4월 10일

지은이 · 김수철 | **펴낸이** · 김승태

편집장 · 김은주 | **편집** · 박지영, 윤구영 | **디자인** · 이승희, 노지현, 이훈혜 | **일러스트** · 김혜주
영업본부장 · 오상섭 | **영업** · 변미영, 장완철 | **제작** · 한정수
홍보 · 주진호 | **드림빌더스** · 고정원 | **물류** · 조용환, 송승철

등록번호 · 제2-1349호(1992. 3. 31.) | **펴낸 곳** · 예영커뮤니케이션
주소 · (110-616) 서울 광화문우체국 사서함 1661호 | **홈페이지** www.jeyoung.com
출판유통사업부 · T. (02)766-7912 F. (02)766-8934 e-mail: jeyoungsales@chol.com
출판사업부 · T. (02)766-8931 F. (02)766-8934 e-mail: jeyoungedit@chol.com

ISBN 89-8350-394-7

값 10,000 원

▪ 이 책의 판매 수익금은 미국에서 "거리선교회"를 통해 홈리스 사역을 위해, 한국에서는 "소중한 사람들"을 통해 노숙자 사역을 위해 쓰여집니다.
▪ 잘못 만들어진 책은 언제든지 교환해 드립니다.

담요와 스프
Blankets and Soup

지은이 | 김수철

예영커뮤니케이션

  사람들은 모두 제한된 인생을 살아가고 있다. 정해진 시간 속에 어떠한 삶을 살고 있는가? 그것은 자신에게 달려 있다. 내게 주어진 시간 속에서도 가장 보람되고 기쁜 시간들이 있다면 그것은 나를 통해 다른 사람이 유익을 얻게 될 때라고 생각한다. 고통 속에 있는 사람들에게 조금이라도 그들의 아픔을 덜어 줄 수 있다면 얼마나 좋을까. 그리고 보면 의사가 이 세상에서 가장 좋은 직업인 것 같다. 그러나 세상에는 육체적인 아픔보다 마음 아픈 사람이 더욱 많다. 마음의 상처는 결국 사람들을 거리로 몰아낸다.

  나는 마음의 깊은 상처로 인해 이 사회에서 적응하지 못하고 거리로 내몰린 사람들을 매일 만나지만 그들에게 큰 도움을 줄 수는 없다. 진정으로 내가 이 일을 하고 있는 것은 육신의 질병과 마음의 질병을 동시에 고칠 수 있는 예수를 소개하고 그분을 만나게 하기 위해서이다.

  내가 소위 예수쟁이라 그런 말을 하는 것이 아니라 거리의 노숙자들을 가장 이해하고 그들을 위로하고 희망을 줄 수 있는 말들을 성경이 아니면 어디에서도 찾아볼 수 없기 때문이다. 그래서 매일 아침 노숙자들에게 예수님에 대한 이야기들을 하면 나도 그들도 신바람이 난다.

나는 내가 하는 일의 의미를 스스로 부여하고 있다. 사람들이 볼 때는 내가 하는 일이 하찮은 일로 여겨질 수도 있기 때문이다. 이 책은 미국과 한국의 집을 잃어버린 사람들을 섬겨 온 이야기들을 비롯해서 내가 50여 년간 걸어온 이야기들이다. 그동안 너무 많은 실수를 했기에 그런 실수와 허물들을 적어서 하나님은 약한 자를 들어 강한 자를 부끄럽게 한다는 이야기를 하고 싶다. 또한 노숙자들은 우리 사회로부터 배척당한 불쌍한 존재들이 아니라 사랑으로 다가서면 언제든지 회복될 수 있는 존재라는 것을 말하고 싶다.

이 책을 통해 많은 사람들이 약하고 힘든 이들을 위해 헌신하게 된다면 정말 좋겠다. 노숙자들을 돕기 위하여 이 책을 내 주신 예영커뮤니케이션 김승태 사장님께 감사 드리며, 이 책을 고통당하는 사람들 곁에서 그들과 함께 고통을 나누고 있는 아름다운 사람들에게 바친다.

2005년 겨울 L.A.에서   김 수 철

Office of the Mayor
City of Los Angeles

ANTONIO R. VILLARAIGOSA

It is with great pleasure that I salute the Street Mission and Rev. Soo Chul Kim`s new book *Blanket and Soup.*

I want to applaud and commend those individuals for providing our community every morning with a worship service and then serving breakfast to more than a 100 individuals. This foundation has helped thousands of homeless children, adults, and families each year throughout the Los Angeles community by providing the homeless with their basic needs in a variety of ways including providing them with haircuts, tents, gloves, and clothing.

On this special occasion, I am pleased to recognize Reverend Soo Chul`s contribution with his new book *Blanket and Soup.*

I extend my best wishes for the success of this book and The Street Mission.

Very truly yours,

Antonio R. Villaraigosa
Mayor

안토니오 비아라이고사(Antonio Villarairosa)
로스앤젤레스 시장

County of Los Angeles

COMMENDATION

Blankets

AND

Soup

AUTHOR, SOO CHUL KIM
RECOGNIZING THE EFFORTS OF THE STREET MISSION AND IT'S
NUMEROUS CONTRIBUTIONS TO THE HOMELESS OF OUR COMMUNITY

In recognition of dedicated service
to the affairs of the community and for the civic pride
demonstrated by numerous contributions for the benefit of
all the citizens of Los Angeles County

YVONNE B. BURKE
Supervisor, Second District

이반 버크(Yvonne B. Burke)
로스앤젤레스 카운티 의원

교회의 선교는 홀리시틱 전도 (Holistic Evangelism) 이어야 합니다

조종남 박사 (전 서울신학대학 총장)

하나님의 사랑은 광범위한 것이기에, 하나님은 우리가 영혼의 구원을 위하여 전도하며, 가난하고 어려운 사람을 돌뵈주며, 아을 물리치며, 하나님의 나라 세우기에 힘쓸 것을 요청합니다. 그러나 이와는 달리 구두 전도는 주력하되 사회의 그늘에서 외롭게 버려진 이웃들을 위한 사랑의 선교에는 그리 힘쓰지 못하고 있는 교회들과 신자들을 보면 아쉬움을 느끼지 않을 수 없습니다. 그러하기에 그런 일들에 헌신하고 있는 김수철 목사를 보고 하나님께 감사하게 됩니다.

김목사는 매일 아침 노숙자들에게 아침밥을 먹이고, 밤이 되면 맨바닥에서 지내는 이들에게 담요를 덮어주면서 복음을 전해오고 있습니다. 그는 '노숙자들의 목회자'로 한국의 서울역과 미국의 로스앤젤레스, 어디든지 어둡고 냄새나는 곳을 마다치 않고 찾아가 사역을 합니다.

때로는 말기 암환자를 센터에 데리고 와서 임종 때까지 보살피며 가족을 찾아 주기도 하고, 각종 중독으로 몸과 마음이 피폐해진 사람들, 집을 잃고 갈 곳 없이 길거리에 내쫓긴 사람들, 굶주림과 추위에 죽어가는 사람들을 찾아 나서기도 합니다. 김목사는 그들이 건강한 사회인으로 다시 회복되도록 하기 위해서 복음으로 그들을 만나는 것입니다. 그는 노숙자들이 새로운 모습으로 변화되며 새 삶을 찾을 때 하나님 앞에서 보람과 행복을 느낍니다.

이번에 출판되는 책 『담요와 스프』에서 우리는 김목사의 감동적인 사역과 그가 걸어온 삶의 이야기를 읽게 됩니다. 나는 이 책이 읽혀지는 곳마다 주님의 진정한 사랑을 불러일으키리라고 믿으며 기도하는 마음으로 이 책을 추천하는 바입니다. 나는 많은 사람이 하지 못하는 귀한 사역을 하는 김목사를 자랑스럽게 생각합니다. 김수철 목사가 사회에서 말하는 소위 '성공적인 목회'에 마음을 빼앗기지 않고 끝까지 노숙자들 곁에서 구김 없이 씩씩하게 이 귀한 사역을 계속해 나가기를 기도합니다.

천사의 도시
"노숙자들의 천사장" 같은 목사

최 민 (미주 크리스천 뉴스위크 편집부장)

> "노숙자 한 사람 한 사람을 예수님처럼 알고 섬기는 기쁨이 있습니다." '천사의 땅'이라 불리는 로스앤젤레스에도 성탄과 새해를 맞이하는 명절의 분위기가 달아오르고 있다. 그러나 명절의 분위기와는 관계없이 우리 삶의 주변에는 아직도 의식주의 기본이 해결되지 않아 고생하는 사람들이 있다. 그들을 우리는 '노숙자'(Homeless)라고 부른다. 본지는 연말을 맞아 불우한 노숙자들에게 따뜻한 사랑의 손길을 전달하기 위해 더욱 바빠진 거리선교회 대표인 김수철 목사를 만나 보았다.
>
> 〈2003년 1월 1일자 김수철 목사 신년 인터뷰 기사—편집자주〉

현재 노숙자는 어느 도시에서건 사회적인 문제로 떠오르고 있다. 미국 홈리스전국연합(NCH)이 발표한 바에 따르면 미국의 노숙자는 2000년 기준으로 총 350여만 명에 이르고 있다. 이는 미국 전체 국민 가운데

1% 이상이 홈리스로 거리에 몰린다는 뜻이다. 홈리스 문제는 이미 사회 문제로 수면에 떠오르고 있다. 알코올과 마약 중독, 영혼의 타락과 정신 질환, 육신상의 갖가지 질병이 덮치면서 많은 사람들이 본의 아니게 거리에 내몰리고 있다. 그러나 미국 정부는 이들을 다 감당할 수 없는 실정이다. 정부에서 지원하는 쉘터(Shelter)들도 있지만 알코올과 마약 중독에 빠져 거리에서 생활하는 홈리스들을 돌보는 기관은 없는 것이 현실이다.

점점 많아지는 우리들의 불행한 이웃, '노숙자'

축제 분위기로 한창 무르익어 가는 12월 말 기자는 홈리스 사역에 헌신하고 있는 거리선교회 김수철 목사를 찾았다. 보통 키에 잘생긴 둥근 얼굴, 웃을 때면 아예 두 눈썹을 마주 붙이는 특이한 웃음, 입을 열면 설득력 있는 논리적 전개에다 학구열도 대단한 목사이다.

김목사는 서울신학대학 신학과를 졸업하고, 1987년에 목사 안수를 받았으며, 지금은 풀러 신학대학원에서 박사 학위 과정을 밟고 있다. 그리고 그는 서울신학대학에서 성악으로 교회 음악도 전공하여 한국에서 개인 독창회도 수차례 가질 정도의 재주꾼이다. 1997년에 유학을 하기 위해 미국 땅을 밟은 그는 미국과 같은 천사의 땅에도 의외로 노숙자들이 많은 것을 보고 놀랐다. 그는 오늘에야 그 원인을 아래와 같이 밝힐 수 있었다.

"미국 같은 풍요로운 나라에서도 노숙자가 많은 원인은 개인적인 사정 외에 사회의 경제 운영 시스템이 크레디트 중심으로 바뀌면서 눈 깜짝할 사이에 홈리스로 전락하는 예가 허다합니다. 다시 말해 홈리스로 되는 사람이 따로 있는 것이 아니지요. 어쩌다 직장을 잃고, 아파트 임대료를 제대로 물지 못하면 법원의 판결에 의해 즉각 거리로 내쫓기는 것입니다. 부모가 거리에 나 앉으면 아무 죄 없는 불쌍한 애들도 부모를 따라 '꼬마 홈리스'가 되는 것이지요."

미국에서도 여기 L.A.는 홈리스들의 천국이라고 한다. 겨울철이 없이 따뜻하고 비가 적은 사계절 때문에 별로 얼어죽을 근심이 없는 도시이기 때문이다. 일년 중 비가 거의 오지 않아 지붕 없는 길거리에서 침대가 없어도 별로 문제가 되지 않는다. 따라서 L.A. 카운티에만도 홈리스들이 5만여 명, L.A. 다운타운에만도 근 1만 명의 홈리스들이 몰려 있는 것으로 집계되고 있다. 이들은 사회의 지변에서 기아와 질병에 잠식되어 인간 이하의 생활고에 허덕이고 있다.

이런 반면에 불쌍하고 소외된 인간 구원에 앞장서야 할 사회와 교회들이 너무도 냉정하다는 것이 우리 시대의 비극이다. 특히 소외된 자에 대한 구제금 지출이 너무 인색하여 낯을 뜨겁게 한다. 불쌍한 사람들의 구제에 앞장서야 할 교회들도 마찬가지이다. 어느 믿을 만한 교계 단체의 최근 집계에 의하면 남가주 교회들의 구제비 지출은 교회 총 예산에서 겨우 1%에도 못 미친다고 한다. 아주 충격적이다. 루터의 종교 개혁도 어떤 의미에서는 당시 종교계의 부패의 원인인 돈으로 인하여 일어난 것이 아닌가? 우리 모두가 심사숙고해야 할 문제인 것 같다.

노숙자를 위한 5가지 사역
이런 현실 속에서도 불쌍하고 소외된 노숙자를 위해 발벗고 나선 김 목사와 같은 이들의 아름다운 이웃 사랑 실천이 새해를 마무리하는 축제의 기분 속에서 훈훈한 미담으로 우리의 마음을 녹혀 주고 있다.

그가 이끄는 거리선교회는 매일 평균 100여 명의 홈리스들의 아침 식사를 365일 하루도 빠짐없이 제공하고 있다. 또 매일 아침 홈리스들과 함께 예배도 드린다. 그리고 토요일마다 각 교회에서 나온 봉사자들과 함께 여러 가지 봉사 활동도 전개하고 있다. 1년에 4회 정도 절기별 찬양집회도 가진다. 때로는 성례전도 함께 베푼다. 지난 12월 13일에는 L.A. 다운타운에 있는 그래디스 공원에서 홈리스를 위한 "거리의 크리스마스" 공연이 개최되었다. 여러 교회와 글로리 가스펠 밴드의 연합으로 성대하게 치러졌다.

거리선교회의 중요한 또 하나의 사역은 홈리스들에게 필요한 생필품을 공급하는 것이다. 여러 단체와 사회에 호소하여 생필품을 모은다. 여기에서 모아진 텐트, 담요, 양말, 옷 등 생활필수품을 홈리스들에게 제공하고 있다. 최근에만 해도 250장의 새 담요를 나누어 주었다. 또 수시로 홈리스들에게 이발을 해 주기도 한다. 그 외에도 홈리스들이 생활하는 거리 청소와 전염병 방지를 위한 소독 등 봉사 활동도 전개한다.

구제보다 중요한 것이 홈리스들에게 재활의 기회를 열어 주는 것이다. 현재 김목사는 동역자들과 함께 L.A.에 재활센터를 건립하여 운영하고 있다. 홈리스 사역 현장에서 발굴한 홈리스를 건강한 사회인으로 복귀시키기 위하여 L.A. 중심에 10여 개의 방을 가진 단독 건물을 얻어 재활센터로 이용하고 있다. 여기에서는 단순히 먹고, 입고, 자는 기능만이 아니라 규칙적인 생활 훈련, 봉사 훈련, 사회 적응 훈련, 일하는 훈련 등 재활 훈련을 시키고 있다. 이곳에서 훈련을 받은 노숙자들이 이미 홈리스 사역자가 되어 김목사를 돕거나 일자리를 마련하여 새 삶을 시작하기도 하였다.

김수철 목사가 "거리의 천사장"이 되기까지

김목사가 홈리스 사역에 발을 내디딘 것도 나름대로의 숨은 이야기가
있다. 김목사는 가난하고 소외된 사람들에 대한 동정심과 사랑이 각별
하다. 그의 마음 속 깊은 곳에 심어진 소외된 불쌍한 사람들에 대한 사
랑의 씨앗은 옛날로 거슬려 올라간다. 그 씨앗은 예수를 믿기 시작한
"수철의 어린 동심"에 어느 인자한 주일학교 선생님이 심어 주었다고 한
다. 오늘도 김목사는 그때를 회상하며 그 이야기의 끈을 푼다.

"한 할머니는 예수님을 평생 만나 뵙는 것이 평생 소원이었다 어느
성탄절 날, 드디어 할머니의 소원이 하늘에 상달되어 꿈속에서 '주님이
오신다' 는 기별을 받고 너무도 반가웠다. 맛있는 음식을 많이 준비하고
기다렸지만 주님은 나타나지 않았다. 오히려 거지가 나타나 추위에 덜
덜 떨면서 대문을 두드렸다. 기대에 부풀었던 할머니는 너무 실망하여
그 거지에 화풀이라도 하듯 화를 내며 쫓아버렸다. 후에 할머니는 꿈속
에서 예수님을 만났다. 할머니는 예수님에게 따지고 들었다. '왜, 오신
다 하시고는 오시지 않았어요?' 예수님이 하는 말씀 '내가 안 갔느냐?
네가 받아주지 않았지.' 할머니는 그때에야 그날 대문을 두드리던 거지
가 예수님인줄 깨닫고 더 할 말을 찾지 못하며 낙담하고 말았다."

이 이야기는 김목사의 어린 동심에 애절한 눈물과 함께 예수님의 사
랑과 불쌍한 사람들을 사랑해야 한다는 씨앗을 깊이깊이 심어 주는 계
기가 되었다. 어릴 때부터 가난하고 불쌍한 사람들이라면 그냥 지나치
지 않았던 김목사는 이제 미국 땅의 타인종 노숙자들에게 어릴 때부터

가졌던 따뜻한 이웃 사랑을 거리선교회를 통해 실천하면서 노숙자 한 사람 한 사람을 예수님처럼 섬기면서 고달프지만 무엇과도 비교할 수 없는 노숙자 사역의 기쁨을 찾아내며 주어진 사역에 최선을 다하고 있다.

[차례]

[차례]

01 지켜보는 눈길

"그까짓 아들 하나 없는 셈치지 왜 부모 싫다고 집 나간 아들을 기다리냐"고 큰 소리를 치셨지만 밤이면 오히려 밤잠을 주무시지 못하고 거리에 나가 큰 형을 기다리는 아버지의 헛기침 소리가 새벽까지 이어졌다. 아들을 기다리며 새벽녘까지 잠을 이루시지 못했던 아버지의 인기척은 내 뇌리에 깊이 새겨져서 집 나간 아들을 기다리는 하나님 아버지의 심정을 늘 느끼게 해 주었다. 나 역시 때때로 주님의 품을 떠나 내 마음대로 인생을 살고 싶은 욕망이 일어날 때도 있었으나 아버지의 그 모습이 나를 제자리에 붙들어 주었다.

더 높고
큰 뜻을 찾아

 새천년을 맞이하면서 누구에게나 새로 맞
는 천년에 대한 꿈이 있었을 것이다. 40년이
넘도록 나를 키워주고 나를 담아 주었던 커
다란 우리들의 둥지 한국! 마침내 우리 가족은 그 아기자기하
고 아름다운 산하를 떠나왔다.

십수 년의 목회 생활 동안 자식처럼 가슴에 품고 아파하고
애지중지하던 성도들과 늘 나를 믿어주고 도와주던 아버지,
어머니, 형제들, 그리고 친구와 동료들의 사랑과 추억, 내 삶
의 모든 것이 녹아져 있는 한국을 서슴없이 떠나올 수 있었던
것은 더 높고 큰 나의 꿈을 이루기 위함이었다.

26세부터 담임 목회를 하여 18년간 목회를 하는 동안 소위
말하는 성공적인 목회를 하였고, 안정적인 목회 사역이 보장
된 듯하였지만 사역에 대한 나의 꿈은 언제나 부족하였다. 그
래서 공부를 더 해서 큰 교회를 맡아 내 가슴에 오랫동안 품
고 있는 비전을 마음껏 펼쳐보고 싶었다. 그 꿈에 이끌려 한

국에서의 40년이 넘는 나의 삶과 목회 사역을 내려놓고 단숨에 미국으로 떠났다. 미국에 오기만 하면 넓은 세상에서 마음껏 내 꿈을 펼칠 수 있을 것 같았다.

그러나 막상 미국에 도착하니 나 역시 임지 없는 목사에 불과했다. 오라는 곳도 갈 곳도 없었다. 설교 준비로 눈코 뜰 새 없던 나의 일상은 주일날이면 더욱 힘들었다. 오늘은 어느 교회에서 예배를 드리나 고심하면서 이리 기웃 저리 기웃거리는 한가하고 무료한 시간을 견디어 내야 했다.

신학대학을 다니던 때부터 목회를 했던 내가 평신도의 모습으로 처음 예배를 드리는 날이었다. 말씀을 힘 있게 외치던 단상이 아니라 설교를 듣는 자리에 앉아 있는 동안 십수 년의 나의 목회 생활에 대한 추억들이 주마등처럼 머리에 떠올랐다. 주어졌던 그 시간에 좀더 열심히 좀더 충성되게 최선을 다하지 못한 회한이 예배 시간 내내 눈물로 흘러 내렸다.

우리 부부는 지나간 세월에 연연하지 않기로 하고 이 교회에서 평신도로부터 시작하자는 마음을 가졌다. 그래서 성가대에서 봉사하기로 하고 그저 일반 성도로 성가대에서 충성을 다했다. 그러나 주님의 일꾼들은 어느 곳에서든지 충성만 하면 주님이 그 길을 여신다. 담임 목사는 나를 교회의 음악 목사로 추천했고, 결국 나는 유니온교회의 음악 목사로 섬기게 되었다.

미국 이민 생활 3년이 빠르게 흘러갔다. 그 동안 풀러신학대학원의 박사 과정의 대부분을 마치게 되었고, 아내는 작은 상점을 운영하여 어려운 가계를 도왔다. 두 딸도 학교에 잘 적응하여 어느 정도 삶의 기반이 잡혀 갔다. 그러나 사역자는 공부하고 먹고 사는 문제의 해결이 결코 삶의 의미를 줄 수 없는 것이다.

나는 온종일 교회를 개척해야겠다는 그 생각뿐이었다. 생각이 있으면 반드시 실천하고야 마는 나의 성격은 결국 유니온교회의 지교회인 밸리 유니온교회를 개척하게 되었다. 미국 교회 건물을 임대하여 시작하였는데 내 마음에는 의욕과 자신감이 넘쳤다. 한국에서 십수 년 목회했던 나의 경험에는 실패란 있을 수 없기 때문이었다. 그러나 시간이 갈수록 개척 교회의 어려움이 밀려왔다. 우선 답답한 것은 교회 주변에 한국 사람이 어디에 살고 있는지 알 수 없었고, 모두 일을 하러 나가니 나와 함께 전도 나갈 사람이 없었다. 처음 두 가정으로 개척은 시작되었고, 얼마 안 있어 다섯 가정으로 늘어나기도 하였으나 1년이 지나도록 더 이상 새 가족은 늘지 않았다. 1년이 되어 가는 끝자락에는 모두 떠나고 우리 식구만 댕그러니 남고 말았다. 한국의 울산에서 10년 동안 교회를 맡아 성장시킨 후 미국으로 유학 왔고 박사 학위를 받아 큰 교회를 맡아 목회 하고자 했던 꿈이 좌절되는 듯했다. 개척 교회를 너무 쉽게 생각한 것이 후회가 되었다. 추락하는 것에는 날개도 없다더니 내가 그 꼴이었다. 그러나 목사로서 교회를 개척한 후 문을 닫았다는 불명예를 남기고 싶지는 않았다. 가족끼리 몇 달간 예배를 드리면서 오는 자괴감은 실로 견디기 힘들

었다. 미국으로 오기까지 동료 목사들이 미국 목회가 어렵다
는 이야기를 해 주었고, 목회는 한국이 좋으니 가지 말라고
만류를 하였으나 그 말이 내 귀에는 전혀 들어오지 않았었다.

"나는 왜 이곳으로 옮겨졌을까? 나는 이 질문을 하루 종일
내 가슴에 던졌다. 일반 목회를 하려 했다면 한국에서 있지
뭐 하러 미국까지 왔을까? 그래도 한국에서는 거의가 새신자
들이라서 일년에 50여 명 이상 세례를 주었는데 미국에서 목
회를 한다는 것은 결국 다른 교회 신자들을 끌어 모아야 한
다. 남가주 지역의 목사의 숫자는 4,000명이 넘고, 교회 숫자
는 1,500개라 한다. 그렇다면 반 수도 넘는 목사들이 임지가
없다는 말인가? 목사는 차고 넘치고 교회는 많고…."
어느 날 기도하던 중 세미한 하나님의 음성이 나의 마음 속
에 들렸다.
"네가 필요한 곳이 아닌 너를 필요로 하는 곳이 어디인가를
찾아라."
도대체 나를 필요로 하는 곳은 어디일까?

기쁨과 슬픔이
교차되는 곳

그즈음 신문을 보니 '거리의 교회'에서 후임
목회자를 찾는다는 기사가 나왔다. 전예인 목사
님은 아직 은퇴하실 때가 되지 않았는데 은퇴를
하신다고 했다. 후임으로 거리의 교회를 맡고 싶은 생각이 들
어서 전목사님을 만나봐야겠다는 생각을 하고 이른 아침 홈
리스 사역 장소를 찾았다. 목사님의 뜻을 알고 싶어서였다.
전목사님께 내 생각을 전했더니 한 달간 빠지지 말고 나와서
내가 이 일을 할 수 있는가 알아보라고 하셨다. 홈리스 사역
현장에 여러 번 와 본 적은 있으나 그 날은 그곳이 아주 새롭
게 보였다. 전목사님은 늘 하던 대로 줄 서 있는 홈리스들과
주기도문을 하신 후 준비해 온 도넛과 커피를 나누어 주었다.
나는 옆에서 주전자에 담긴 커피를 따라 주면서 '목사님이 이
들에게 설교를 하실 수 있는데 왜 안 하실까?' 하는 생각을
가졌다. 추위에 떨고 있는 그들에게 빨리 따뜻한 커피와 음식
을 주기 위해서 일 것이라고 생각했다. 만일 내가 앞으로 이

일을 한다면 찬송도 함께 부르고 말씀도 전하리라. 벌써 반은 홈리스 목사가 된 것 같았다. 한 달 후 전목사님이 찾는 후임자는 나 같은 사람이 아니라는 것을 알고 전목사님과 합의한 후 나 혼자 할 수 있는 장소를 찾아보았다. 로스앤젤레스 다운타운의 홈리스들이 있는 곳은 너무 넓고 거리에서 생활하는 홈리스들은 수두룩하게 많았다. 그들은 사는 것이 아니었다. 거리에서 텐트나 박스를 펴고 잔다. 그들 자신이 너무 더럽고 냄새나서 교회를 찾을 수 없다. 주변에 홈리스들을 재워주는 단체들이 있어도 많은 홈리스들을 수용할 수는 없었다. 일주일 내내 그곳을 다녀 보았는데 토요일이나 주일에 간혹 거리에서 음식을 제공하는 교회들은 있었지만 매일 아침 식사를 제공하며 예배를 드리는 단체는 없었다.

"이곳이구나, 내가 필요한 곳이…."

나도 모르게 탄성이 흘러나왔다.

"세상은 아니 그들 자신도 그들을 버렸지만 하나님은 그들을 버리시지 않으셨지."

나의 사역지를 찾는데 일년이 넘게 걸린 것이다.

'이곳이 내가 일할 곳이라는 확신과 기쁨!'

그리고 '이곳 밖에는 내가 일 할 곳이 없다는 슬픔'이 동시에 교차했다. 미국의 환경이 너무 좋아서 왔는데 하나님이 나를 이곳으로 인도하신 것이다. 미국에서도 가장 냄새나고 가장 더럽고 알코올과 마약 중독, 도박으로 생명의 존엄성을 내던져 버린 사람들이 가장 많이 모여 사는 곳. 영적 전쟁으로 말하면 가장 최전방의 다운타운(Down Town) 스키드로우 (Skid Row: 부랑자의 거리) 그곳이 나의 임지라니….

그렇지만 하나님이 조금도 원망스럽지가 않았다. 왜냐하면 예수님은 하늘 보좌를 버리시고 냄새나고 불결하고 추한 인간의 모습을 입고 오시지 않았는가. 예수님께서 귀신을 내어 쫓으시고 망가져 버린 하나님의 형상을 회복하시기 위해 오셨다는 생각이 들자 어쩌면 이것이 진정한 목회라는 생각이 들었다. 그러나 곧바로 설움이 갑자기 복받쳐 올랐다. 차 안에서는 신학대학을 다니면서 예배 드릴 때 눈물 없이는 부를 수 없는 찬송을 하였다.

> *부름 받아 나선 이 몸 어디든지 가오리다*
> *괴로우나 즐거우나 주 만 따라 가오리니*
> *어느 누가 막으리까 죽음인들 막으리까*
> *어느 누가 막으리까 죽음인들 막으리까*
>
> *아골 골짝 빈들에도 복음 들고 가오리다*
> *소돔 같은 거리에도 사랑 안고 찾아가서*
> *종의 몸의 지닌 것도 아낌없이 드리리다*
> *종의 몸의 지닌 것도 아낌없이 드리리다*

이 찬송을 부르며 참을 수 없는 눈물을 쏟으며 집으로 돌아왔다.

한 알의 씨앗

 내가 태어난 날은 음력 칠월 칠석 날이다. 이
날은 견우와 직녀가 사랑을 속삭이다가 옥황상
제(玉皇上帝)의 노여움을 사서 1년에 한번씩만
겨우 만났으며 견우성과 직녀성이 만나는 전설에 따라 별을
제사 지냈던 날이다.

슬프고도 기쁜 종교적인 날에 태어난 것은 앞으로 내가 걸
어갈 길과 해야 할 일에 대해 예측한 것 같은 느낌이 들게 한
다. 견우와 직녀가 만나듯 슬프고 외롭게 살던 사람들에게 주
님을 만나게 해 주는 일은 태어날 때부터 주님의 계획 안에
있었던 것 같다.

나는 믿음을 가진 사람이 하나도 없는 가정에서 태어나 목
사가 되었다. 나의 어린 시절의 꿈과 추억이 있는 인천 송림
동 집은 지금은 도시 개발로 없어졌지만 얼마 전까지만 해도
이층집이었다. 아래층은 아버지가 운영하시던 가게가 있었고
2층은 살림집이었다. 가게와 집이 100여 평이나 되었지만 거

의 대부분은 가게로 쓰였고 우리집은 아주 작았다. 작은 방이 둘밖에 없는 집에서 육남매가 아옹다옹하며 생활했다. 많은 가족들 틈 속에 자라나 사람 사귀기를 좋아하고 모나지 않는 성품을 지니게 되었다.

큰 누나는 특별히 나를 많이 사랑해 주었고, 둘째 누나는 주기를 좋아하는 넉넉한 성품이었다. 막내 누나는 정이 많고 밝은 성정을 지녔다. 큰 형은 자유분방하여 아버지와 마찰이 잦았고, 지적이고 모범생이었던 둘째형은 아버지의 절대적인 신임을 받았다. 막내인 나는 우리 가정에서 하나님께 제일 먼서 백함을 빌있다.

가게를 운영하던 부모님은 절기 때마다 고사를 지내는 미신을 믿는 가정이었다. 복음이 전혀 뿌리내릴 것 같지 않았던 우리 집에 비록 어린 소년의 믿음이었지만 나의 믿음은 한 알의 씨가 되었다.

"주 예수를 믿으라, 그리하면 너와 네 집이 구원을 얻으리라."

내가 처음 예수님을 믿으면서부터 식구들이 한 사람 한 사람씩 믿음을 갖기 시작하였다. 가족 중 한 사람이 예수님을 믿으면 가족 모두가 구원에 이른다는 말씀은 우리 가정에서 그렇게 이루어 졌다.

숯장사 아버지

세상은 변한다. 지금의 가치 있는 것들이 나중에는 가치 없게 변하고 지금 가치 없는 것들이 나중에는 가치 있게 변한다. 아마 우리가 가장 놀라운 것은 하나님 앞에 섰을 때 일 것이다. 그때야 말로 어떤 것이 가장 가치 있는 것인지 판가름 날 것이다.

미국에 살다가 한국에 오게 되면 빠지지 않고 가는 곳은 찜질방이다. 그곳에 가 보면 천장에 숯이 촘촘히 박혀 있다. 숯에서 나오는 열기를 받으면 몸에 좋기 때문이다. 대학 교수로 있는 친구 방에도 교회 목사 집무실에도 분재 모양의 숯이 있다. 숯을 볼 때마다 아버지 생각이 난다.

아버지는 인천에서 '송림상회'라는 이름난 숯가게를 운영하셨다. 지금은 숯이 찜질방이나 냉장고 안 그리고 가정집에서 건강에 좋고 냄새를 없앤다고 아주 좋은 의미로 쓰여지고 있을 뿐 아니라 심지어 건강식품으로 먹기까지 한다. 하지만 그 당시 숯은 각 가정에서나 공장에서 필수품으로 쓰여졌다.

다림질할 때나 연탄불을 필 때도 공장에서 여러 가지 용도로 쓰여졌다. 그러나 연료의 변화로 숯이 사양길에 접어들자 숯불 갈비집에서 간헐적으로 쓰여질 정도였다. 내가 어릴 적에는 숯장사를 하시는 아버지의 일이 조금은 부끄러운 직업이었다. 숯의 색깔이 시커멓고 먼지와 지저분한 느낌을 주기 때문이었다. 동네 아이들은 나를 "쭛"이라며 놀려 대기도 했다.

아버지는 학교 문턱에도 가신 일이 없었으나 열심히 숯가게를 운영하여 우리 집은 비교적 생활이 넉넉했다. 그래서 인천의 부유한 집안 자녀들이 다니는 유치원에도 보내 주셨다. 아버지는 집 나간 큰 형 때문에 어머니와 다툼이 많았다.

"그까짓 아들 하나 없는 셈치지 왜 부모 싫다고 집 나간 아들을 기다리냐?"

그렇게 큰 소리를 치신 밤이면 오히려 밤잠을 이루지 못하고 거리에 나가 큰형을 기다리는 아버지의 헛기침 소리가 새벽까지 이어졌다. 아들을 기다리며 새벽녘까지 잠을 이루시지 못했던 아버지의 인기척은 내 뇌리에 깊이 새겨져서 집 나간 아들을 기다리는 하나님 아버지의 심정을 늘 느끼게 해 주었다. 나 역시 때때로 주님의 품을 떠나 내 마음대로 인생을 살고 싶은 욕망이 일어날 때도 있었으나 아버지의 그 모습이 나를 제자리에 붙들어 주었다.

아버지는 내가 공부할 때나 목회하면서 어렵고 힘들 때마다 나를 무조건 믿어 주시고 문제를 해결하면서 도와주셨다. 아버지가 안 계셨던들 오늘의 나는 결코 존재하지 못하였으

01

더 높고 큰 뜻을 찾아

리라.

숯장사였던 아버지, 지금은 숯이 그렇게도 귀하고 좋다고 하건만 당시에 친구들의 놀림의 대상이었던 숯장사 아버지! 언제나 엄하셔서 내가 가까이 다가설 수 없는 분이셨지만 말 없이 우리들을 깊이 사랑하셨고 아버지로서의 책임을 일평생 신실하게 다 감당하신 분이셨다. 나는 아버지를 통해 겉으로는 엄위하지만 속으로는 자녀를 깊이 사랑하시고 자녀의 일생을 지켜보며 자녀의 어려움과 고통을 더욱 아파하시는 하나님의 넓고 큰 사랑을 느끼고 배웠다.

어머니의 넓은 사랑

누구나 어머니의 존재는 그 누구보다 삶에 가장 큰 영향을 끼치는 분일 것이다. 나도 예외는 아니다. 막내로 자라서 그런지 늦게까지 어머니의 품에서 자랐다. 초등학교를 졸업할 때까지 엄마가 옆에 없으면 잠을 자지 못했다. 엄마가 늦게 오는 날이면 "엄마 오면 꼭 내 옆에서 자야 돼." 그렇게 써서 벽에 붙여 놓고 자야 안심이 되었다.

어머니는 늘 큰형 때문에 많이 속상해 하셨다. 내 옆에서 가끔 주무시다가 흐느끼며 우셨다. 큰형은 늘 아버지와 불화해서 집을 나가곤 했는데 집 나간 큰형이 어디서 무엇을 하는지에 대한 염려가 어머니를 우울하게 했다.

그러나 어머니는 항상 겸손하시고 경우가 밝으시며 사교적이셨다. 받는 것보다 주는 것을 좋아하셨고 아주 긍정적이셨다. 나는 어머니의 성품을 많이 닮은 것 같다. 아버지는 책임감이 강하신 반면에 어머니는 좀 더 포용력이 있고 생각하는 것이 아주 진취적이셨다. 그런 어머니의 성품을 닮아서인지

나는 사 주고서도 얻어 먹었다고 거짓말까지 할 정도로 사 주
는 것을 좋아했다.

똑똑한 사람보다는 어려운 사람들의 형편을 살피는 사람이
되라는 어머니의 삶의 철학이 나에게 큰 영향을 주셨다. 모든
어머니가 다 그렇듯이 나의 어머니는 희생적이셨다. 내가 목
회를 하면서 어려울 때 아버지가 어머니의 통장에 넣어 주신
어머니의 전 재산을 선뜻 내주신 분이셨다. 어머니는 내가 신
학대학에 가게 되자 무조건 아들을 따라 주어야 한다며 교회
에 나가셨고, 권사님으로 자식들을 위해 기도하시다가 돌아
가셨다.

어머니가 늘 집 나간 큰형을 기다리다 흐느끼셨던 그 마음
은 하나님의 품을 떠난 탕자들을 사랑하는 마음으로 내게 전
수된 것 같다. 어머니에게 육 남매의 자식들이 모두 귀한 것
처럼 하나님도 하나님의 품을 떠나 유리 방황하는 거리의 사
람들 때문에 얼마나 마음이 아프시겠는가?

거짓말이 이루어진 꿈

01

더 높고 큰 뜻을 찾아

송림초등학교 5학년 때, 전교 어린이 회장을 선출하였다. 같은 반의 황신희라는 반장 아이가 우리 반을 대표하여 학생 회장에 출마하게 되었다. 선희는 공부도 잘했고 아버지가 고등학교 선생님이셨다. 그의 어머니는 가끔 학교에 와 봉사도 하셔서 담임선생님은 고마워 하셨다. 선생님은 아주 큰 글씨로 '황소 같은 소년 황선희'라는 플래카드를 써서 운동장에서 잘 보이는 창가에 걸어 놓으셨다. 그 큰 글씨는 정말 선거 운동에 큰 도움이 되었다. 선생님의 도움에도 불구하고 선희는 전교 회장에 그만 떨어지고 말았다. 선희가 정견 발표를 하는데 내가 보기에도 참 답답했다. 그의 정견 발표를 선생님이 지도해 주었지만 막상 발표날 제대로 하지 못하고 내려온 것이다. 내가 물었다.

"너 왜 그렇게 떨었냐?"

"그럼 네가 한 번 해 봐. 운동장 아이들 앞에 서니 앞이 캄캄하더라."

37

고등학교 대대장 시절 (1972년)

내가 생각할 때는 나는 아주 잘 할 수 있을 것 같았다. 시켜만 준다면 당선이 된 김영선이라는 아이보다 더 잘 할 수 있을 것 같았다.

그러던 어느 날 둘째 누나가 교생 실습을 할 때인데 무슨 말을 하다가 나도 모르게 내가 어린이 전교 회장이라는 거짓말을 하게 되었다. 누나는 대견스러워 했지만 며칠이 안 지나서 거짓말이 들통 났다. 누나는 초등학교 교생 실습을 나가는 동료에게 내 동생이 어린이 전교 회장이라는 말을 자랑스럽게 하게 되었고, 그 말이 거짓말로 들통이 나자 누나는 수치심에 치를 떨었다.

3년이 지나 나는 송도중학교 학생 회장에 출마하기로 결심했다. 자신이 있었다. 이제는 부모의 그늘에서 벗어나 정정당

당하게 겨룰 수 있는 기회가 온 것이다. 중학교 학생 회장에 당선이 되었다. 학생들 앞에서 아주 당당하게 나의 의견을 펼쳤다.

3년 전의 거짓말이 누님을 부끄럽게 만들었지만 나의 꿈은 중학교에 들어와서 이루었다. 담임이셨던 신만영 선생님은 나에게 가장 큰 장점 중 하나가 사람들 앞에서 당당하게 말할 수 있는 것이라고 했다. 이때부터 나의 목회자로서 수업이 시작된 것이 아닌가 생각이 든다.

그래도 거짓말은 나쁜 것이다. 누나가 나로 인해 동료들에게 당한 부끄러움을 생각하면 지금노 일굴이 달아오른다. 거짓말은 나쁜 것이지만 꿈을 갖는다는 것은 좋은 일이다.

흔적

친구의 인도로 교회에 다닌지 몇 개월이 지났
을 때 2층 예배실에서 혼자 기도하게 되었다. 그
때 예수님의 십자가가 내게로 다가왔다. 그리고
예수님이 나를 구원하기 위해 십자가에 달려 죽으셨다는 것
이 마음으로 굳게 믿어지게 되었다. 그 믿음은 나에게 뜨거운
회개의 눈물을 흘리게 하였다. 회개의 눈물을 흘리고 밖으로
나와 보니 세상이 온통 새롭고 달라 보였다. 나무는 더욱 푸
르고 하늘의 별은 전보다 맑고 뚜렷히 빛났다. 거리에 다니는
사람들이 사랑스러워 보였다. 가슴에는 알 수 없는 기쁨이 샘
물처럼 솟아났다. 그런데 그 해 겨울 방학에 심한 감기를 앓
게 되어 병원에서 진단을 받아 보니 폐결핵이었다. 의사는 1
년 이상의 휴학을 권했지만 학교를 쉬고 난 후 후배들과 동급
생이 되어 공부를 한다는 것은 정말 절망적이었다. 그때 학생
회를 맡고 있던 전도사님에게 상담 후 새벽 기도를 시작하게
되었다. 나는 서원 기도를 하였다.

"하나님께서 내 병을 빨리 고쳐 주시면 내가 주의 종이 되 겠습니다."

유난히도 매섭게 춥던 겨울 한 달 동안의 찬 공기를 마시며 새벽 기도회에 참석하던 기분은 참 좋았다. 그 후부터 지금까 지 새벽 기도는 계속되었다.

집에서는 새벽에 교회에 나가는 것을 알지 못하고 집에서 안정을 취하고 방안에 누워 있으라고 했다. 그러나 가만히 누 워 있을 수만은 없었다. 나는 교회 학생회 중등부 회지 발간 을 위해 방안에서 등사기 철판 위에 초 종이를 올려놓고 목사 님의 설교와 학생들이 제출한 원고를 썼다. 그때 유일하게 인 쇄할 수 있는 방법이 등사기 위에 초 종이를 올려놓고 글을 새긴 후 잉크를 묻힌 롤러로 미는 방법밖에 없었다. 한 달 동 안 등사 용지에 쓴 중등부 회지는 인쇄가 되어 나왔다. 그때 생긴 손가락의 굳은살이 지금까지도 남아 있지만 주님의 일 은 하면 할수록 나를 행복하게 한다는 것을 체험했다.

한 달 뒤 엑스레이 촬영을 하였다. 진단 결과를 기다리는 시 간은 초조하기도 했고 한편으로는 주님이 낫게 해 주셨을 것이 라는 믿음으로 담대하기도 했다. 결과는 깨끗이 나았다! 성령 께서 친히 나의 병을 치료하여 주신 것이다. 그때 치료하신 하 나님의 응답은 어린 나에게 서원을 지키게 하여 오늘의 목사가 되게 하셨다. 그때 폐결핵을 앓았던 흔적이 지금도 남아 있다. 그 흔적은 살아 계신 하나님이 나와 함께 하신 증거요, 내가 일 평생 종으로 살겠다고 약속한 뚜렷한 언약서가 되었다.

앞일을 예견한
문학 소녀

중학교 학생 회장을 지낼 때 이웃 여학교 학생
회장을 알게 된 후 같은 교회에 다니게 되었다.
그 여학생은 문학 소녀로 어린 나이였지만 생각
이 깊은 소녀였다. 그 소녀는 학창 시절 4년 동안 나에게 많
은 편지를 보내왔다. 편지 내용은 아주 신앙적이었고 순수했
다. 우리는 순수한 마음으로 편지를 주고 받았다.

대학에 입학한 후 그 소녀와의 연락은 끊겼지만 그 소녀의
편지가 너무 아름답고 가치 있는 문학적인 글이라 버릴 수 없
어서 오랫동안 간직하였는데 얼마 전 그 편지들을 정리하다
가 그 여학생의 편지를 읽고 깜짝 놀란 일이 있다. 그 여학생
은 이미 33년 전에 나의 앞길을 다음과 같이 예견하였다.

안녕!
왠지 오늘은 몹시 아플 것 같아서 일찍 집으로
돌아왔습니다.

오빠를 위해 기도하다 잠시 잠이 들었던 모양

입니다.

주님이 꾸짖었을 것입니다.

가장 고귀한 시간에 참지 못하는 저를....

잠든 시간에 꿈을 꾸었는데 오빠와 제가

거지 전도를 나갔습니다.

저는 오늘 꿈 속에서 만큼 오빠가 겸손하고

훌륭해 보인 적은 처음 입니다.

아마 그렇게 환한 빛을 내는 사람이

천사일 것 같습니다.

모두 더러운 거지 뿐이어서 저는 그들 옆에

서는 것조차 싫었는데 오빠는 그들과 손잡고

더구나 껴안기까지 하셨습니다.

아마 제가 몹시 피곤해서 그랬는지

자꾸 꿈에서 깨려 해도 전 일어설 힘이 없었습

니다.

몹시 피로하시더라도 오늘 저를 위해 기도해

주시길 부탁드립니다.

다시는 이 몸에 피곤함이 없도록

주님! 당신이 지켜주세요,

그의 건강과 신앙을

안녕!

1973. 8. 2

대역에서 주역으로

세계적인 오페라 가수들은 항상 대역을 대동하고 다닌다. 주역이 돌발적인 사고로 그 역할을 하지 못할 때를 대비해서이다. 때로 주역에게 사고가 일어났을 때 그 기회가 대역들에게는 주역으로 되는 절호의 찬스가 되기도 한다.

고등학교 1학년 때 한번은 고등부 성가대가 주일 저녁 예배의 찬양 순서를 맡았는데 고등부 지휘를 맡았던 지휘자 선생님이 나오지를 못했다. 연락이 없이 갑자기 나오시지 못해서 어떻게 하나 망설이다가 용기를 내서 내가 한번 나서기로 했다. 선배들도 있었지만 누구 하나 감히 나서는 학생이 없었기 때문이다. 그러나 내가 가장 하고 싶은 일 중에 하나가 성가대 지휘자였다. 집에서 혼자 공부하다가 기독교방송에서 성가가 나오면 혼자서 팔을 흔들어 지휘 연습을 했다. 그럴 때마다 언젠가 기회가 오면 멋진 지휘를 하고 싶은 강렬한 욕망이 생겼다. 그런데 그 날 기회가 온 것이다. 난생 처음 하는

합창단 지휘자 시절 (인천 전신전화국 합창단)

지휘라 어설프지만 그런대로 무난히 연습을 끝냈다. 연습 도
중 여학생들이 자꾸 웃었던 것만 제외한다면 말이다.

그런데 예배 중 우리 순서가 되어 임시 지휘자가 된 나는
앞으로 나가 성가대를 일으켜 세웠다. 합창이 시작되기 전 전
주가 나가고 내 사인에 맞추어 합창이 시작되었다. 그런데 문
제가 생겼다. 여기저기서 키득거리는 소리가 들리더니 학생
들이 노래는 하지 못하고 웃기를 시작하니 합창이 될 리가 없
었다. 내가 지휘하는 폼을 보고 도저히 웃음을 참지 못한 것
이다. 결국 그 날 성가는 엉망이 되었다. 그 날의 실수는 평생
잊지 못할 실수였다. 우선은 나 자신을 모르고 섣불리 나선
것이다. 하고 싶은 마음만 가지고 나선 것이 큰 실수였다. 내
친구 삼총사는 교회에 남아서 마귀가 틈타서 학생들이 웃었

다고 나를 위로해 주었다. 마귀가 틈 탄 것이 아니고 우습게 흔들어 대던 내 모습을 보고 안 웃는 것이 이상했을 것이다. 웃음을 참지 못하던 여학생들이 웃어 대는 것은 당연한 일이 아닌가.

그러나 그 날의 실수는 나를 멋진 지휘자로 만들어 주었다. 그 날 이후 거울 앞에서 지휘 연습을 많이 했고, 하나님이 주신 음악성과 대중 앞에서 대담한 천성이 나를 합창 지휘자로 만들었다. 인천의 호산나합창단은 남녀 고등학생으로 구성된 전국에서 유일한 혼성 합창단이었으며 많은 음악가를 배출하기도 했다. 대학 시절 나는 당시 25년 전통의 호산나합창단 지휘자가 되었다. 그 후 인천여성합창단, 서울신학대학 남성 합창단 등 많은 합창단의 지휘자로 활동하게 되었다.

신학과 음악, 목회와 음악은 아주 밀접한 관계가 있다는 것을 목회 현장에서 많이 느끼고 있으므로 젊을 때의 교회 합창 지휘는 리더십을 키우고 음악을 배우게 된 좋은 기회였다는 생각을 한다. 학생 시절 지휘자의 갑작스런 결석으로 지휘를 맡게 된 기회가 후에는 미국에서 음악 목사로 교회를 섬길 수 있는 계기가 되었다. 우리는 어떤 일이든지 대역이냐 주역이냐에 연연할 필요가 없다. 내가 주님을 위하여 준비가 되어 있으면 주님은 준비된 사람을 반드시 주역으로 세워서 쓰시기 때문이다.

담배 피는 신학생

학창 시절 나와 같은 또래의 학생들이 쉬는 시간에 냄새나는 화장실에 모여 담배를 피는 모습을 보면서 참 한심한 녀석들이라 생각했다. 같은 교회 다니는 고등학교 선배들이 담배를 피는 모습을 보며 그들을 경멸했다. 대학을 다니는 형이 방에서 담배를 피면 밖에 나가서 피우라고 문을 열어젖히곤 했는데 신학대학에 다니는 내가 담배를 피우게 될 줄이야.

신학대학 1학년 재학 시절 합창단에서 만난 선배들과 남성 사중창단을 조직하였다. 연습 후에는 막걸리를 마시러 다닌 적도 가끔 있었다. 나는 체질적으로 술이 안 받았지만 젊은 객기로 분위기에 휩쓸려 함께 다니곤 했다. 어느 날 신학대학을 다니고 있는 선배가 술 좌석에서 담배를 권하였다. 아니 신학생이 무슨 담배냐고 했더니 목사가 되려면 이런 것도 해 봐야 한다고 내게 담배를 권했다. 생각 없이 담배를 받아 들어 피워 보게 된 것이 문제였다.

그 후 차츰 담배 맛을 알게 되었고 약간의 중독자가 되어 담배 피우는 신학생이 되었다. 맨 처음에는 멋으로 피워 물었던 담배가 차츰 습관의 노예가 되어 버렸고, 그것은 오랜 기간 지속되었다. 담배를 피우다 보니 냄새를 없애기 위해 껌을 씹었지만 껌이 담배 냄새를 없애지는 못하였다. 담배를 피우는 것도 문제지만 숨어서 담배를 피워야 하는 것이 더욱 힘들었다.

어느 날 신학대학에서 중창 연습을 할 때 내게 담배 냄새가 났었던 것 같았다. 중창을 지도했던 캐롤 미첼이라는 미국 음악교수와 이야기할 때도 담배 냄새가 났었던 것 같다. 연습 후 미첼 교수와 중창단 수련회 장소를 알아보기 위해 함께 차를 타고 가던 중 미첼 교수는 나에게 물었다.

"미스터 킴, 담배 피우지요?"

얼떨결에 아니라고 대답을 했다. 그러자 지난번 연습할 때도 담배 냄새가 났었고, 오늘도 냄새가 나니 그것이 담배 피우는 증거라고 했다.

"담배 끊는 거 나하고 약속합시다."

미국 여교수에게 그런 말을 듣는 것이 참으로 창피했다. 담배를 피우지 않겠다고 약속했지만 그 약속을 오랜 기간 지키지 못했다.

담배는 건강에 나쁘고 경건 생활에 좋지 않은 영향을 끼칠 수 있다. 그러나 교회 다니는 사람들 중에는 담배를 피우는 사람들도 많다. 담배를 피우는 집사, 장로들도 많이 있고 심지어 전도사나 목사들도 있다. 그들은 모두 떳떳치 못하게 숨어서 피운다. 그때 생각하기를 교회가 이것을 문제 삼아 오히려 전도의 문을 막고 주초 문제를 경건의 척도로 삼는다는 것은 문제가 있다고 생각했다. 교회가 오히려 죄를 하나 더 만들어서 사람들에게 이중적으로 살도록 하는 것이 아닌가 생각했다. 담배와 술을 끊는다는 것은 쉬운 일이 아니다. 술과 담배를 배우지 않았다면 평생 습관의 노예로 살지 않아도 될 텐데 그것들에서 자유함을 얻게 하기 위해서 그런 사람들을 비난하기에 앞서 긍휼히 여기고 함께 기도해 주고 도와주어야 할 것이다.

담배 피우고 술 마시는 사람을 경멸했던 고등학교 시절과 술 마시고 담배를 피웠던 신학생 시절이 있었다. 이제는 담배 피우고 술 마시는 사람들을 이해하고 그런 것들로 인해 참된 그리스도인인가 아닌가를 판단하지 않는다. 그리고 마약과 알코올로 인생을 허비하는 사람들을 아예 가망 없다고 속단하지 않는다. 오히려 그들을 이해하며 긍휼히 여기는 마음을 갖게 된 것은 어쩌면 신학생 시절 담배를 피웠던 경험이 도움이 되었을지도 모른다.

내 이름이 없다면

내가 초등학교 때에는 중학교에 들어가기 위한 입시 시험이 있었다. 초등학교 때부터 치열한 입시 지옥을 지나야 했던 셈이다. 일류 명문 중학교의 합격은 명문 고등학교로 이어졌고, 대학까지 판가름을 내는 그야말로 앞으로의 인생을 명문으로 살 수 있는 첫 관문이었다. 나는 명문 중학교에 지원을 했다. 나의 어머니는 형이 그 학교에 합격했을 때 얼마나 좋아하시는지 형이 학교에 입학하기 전인 초등학교 졸업식날 중학교 교복을 미리 입혀 보내는 해프닝도 있었다. 부모님들의 사랑과 신임을 흠뻑 받는 공부 잘하는 형을 보며 나도 부모님의 기쁨이요 자랑이고 싶었다. 그래서 어린 나이이지만 열심히 공부했다.

눈이 하얗게 내린 중학교 교정 게시판에 합격자 명단이 붙었다. 하얀 종이에 까만 글씨가 촘촘히 박혀 있었다. 합격자 발표 시간보다 훨씬 일찍 나온 수많은 사람들이 한결같이 하는 행동은 이름을 찾는 것이다. 이름이 있으면 그 학교에 들어갈 수 있고 이름이 없으면 그 학교에 들어 갈 수 없다. 나와 부모님은 수험 번호 순서를 따라 내 이름을 찾아 보았다. 그런데 아무리 찾아도 내 이름이 없었다. 수험 번호는 앞쪽인데 맨 뒷쪽까지 계속 내 이름을 찾아 보았다. 아무리 찾아보아도 내 이름이 없었다.

"무언가 잘못되었겠지. 내 실수로 지나쳤을지도 몰라."

도저히 내 이름이 없다는 것을 인정할 수가 없었다. 무언가 누군가의 실수 때문에 내 이름이 빠졌다는 생각뿐이었다. 나는 합격자 이름이 붙어 있는 첫 이름부터 마지막 이름까지 몇 번을 찾아보고 훑어보고 손가락으로 이름마다 짚어보면서 내 이름을 찾았있다. 그러니 내가 별짓을 다해두 내 이름은 없었다. 그때 눈 앞이 캄캄하고 발의 힘이 다 빠져 나가는 것이었다. 내가 감당할 수 없었던 그 날의 절망을 40여 년의 세월이 흐른 지금도 잊을 수 없다.

마침내 길고 긴 군대 생활 31개월만에 제대를 하게 되었다. 제대를 하게 되었다는 기쁨과 설레임으로 밤잠을 설치며 기다렸다. 일각이 여삼추라더니 제대를 기다리는 하루하루는 정말 몇십 년이 지나는 것 같이 기다리기 어려웠다. 교련 혜택을 2개월 받고 제대를 하게 되었는데 당시에는 용인에 가서 제대 신고를 하게 되어 있었다. 용인까지 단숨에 달려 갔는데 아니 이게 웬일인가? 제대자 명단에 내 이름이 빠져 있는 것이 아닌가? 얼마나 당황을 하고 아찔한지 눈앞이 캄캄했다. 중학교 합격자 명단에서 빠졌을 때의 그 아찔한 현기증이 그대로 나타나는 것이었다. 만약 이름이 없다면 다시 자대로

돌아가서 군 생활을 2개월 더한 후 제대를 하는 것이니 어찌 그렇지 않겠는가. 다행히 명단을 찾게 되어 제대를 하였지만 그 사건 이후 군에 다시 가 있는 꿈을 10년이나 꾸었다. 얼마나 놀랐으면 10년이나 그런 꿈을 꾸었겠는가?

나의 인생의 전부를 살고 난 후 하나님 앞에 설 때 생명책에 내 이름이 없다면 어떻게 될 것인가? 합격자 명단에 이름이 없는 것은 40년 동안, 다시 군 생활을 두 달 동안 해야 한다는 것도 10년이나 악몽을 꾸었는데 만약 생명책에 내 이름이 기록 되어 있지 않다면 얼마나 놀랄 것인가? 그때는 다시 해 볼 기회가 주어지지 않을 것이다. 오직 슬피 울며 이를 갊이 있을 것이다. 그래서 오늘이라 일컫는 날에 주님의 생명책에 내 이름이 진하게 기록될 믿음이 있는지 믿음에 따른 삶이 있는지 두렵고 떨림으로 이루어 가야 할 것이다.

02 걸음마다 굽이마다

앞으로 수많은 사람

들을 어두움에서 빛으로 인도해야 할 신학도들이 어두움의 일을 일삼았으니 그 일이 불꽃같은 하나님의 눈길에서
어찌 눈감아 질 수가 있겠는가? 친구는 내 대신 대리 시험을 보다가 발각 났다. 그래서 친구와 나는 6개월간 정학
을 받고 근신을 명령 받았다. 만약 내가 성도님의 장례식을 우선으로 하기 위해서 졸업 시험을 얼마든지 포기했
더라면 주님은 나를 위해 분명히 일해 주셨을 것이다. 주님께 기도하지 않고 내 마음대로 내 방법대로 날기 시작
했다. 마치 줄이 끊어진 연이 된 것도 모르고 마냥 하늘을 날아 오르고 있었다.

신혼 여행

병장으로 제대한 후 신학대학 2학년으로 복학을 한 뒤 바로 아내와 결혼하였다. 당시 위의 형은 장가를 가지 않고 있었다. 그렇지만 빨리 결혼하고 싶은 마음에 그런 것이 문제가 될 것이 없었다. 여자에 대한 방황은 결혼을 하여 빨리 종지부를 찍고 싶었다. 우선 어머니에게 말씀을 드렸다. 어머니는 다짜고짜 말씀하셨다.

"너 일 저질렀냐?"

워낙 큰 아들에게 데인 어머니의 당연한 걱정이셨다. 그런 것은 아닌데 빨리 장가가 가고 싶어서 그런다고 말씀 드렸다. 어머니께서 아버지에게 말씀을 드렸더니 뜻밖에 아버지가 쾌히 승낙을 하셨다. 어머니 말씀으로는 아버지는 당신이 나이가 더 드시기 전에 자녀들을 장가 보내시는 것이 낫겠다는 의도에서라고 하셨다.

결혼 후 우리는 경기도 양평 옆 옥천중앙교회에서 3년을 목

옥천 중앙교회 담임 시절 (1981년 성탄절에)

회하게 되었다. 학생 전도사로 교회의 담임 교역자를 맡게 된 것이다. 그 교회는 면소재지에 위치한 아주 아름다운 교회였다. 나는 부임하자마자 교회 앞뜰에 연못을 만들고 구름다리도 놓았다. 교인들의 대부분은 양봉을 해서 돈을 벌었다. 봄, 가을에는 벌을 길러 꿀을 얻어 그것으로 십일조를 하는 교인들도 있었다. 신학대학 3학년이 되어 양평에서 부천까지 통학을 하며 목회를 하였는데 때로는 막차를 놓치고 난감한 심정으로 기차역에서 뒤돌아오기도 했다. 26세의 신학 대학생이 담임 목회자였으니 내가 성도들을 돌본 것이 아니라 성도님들이 어린 종을 돌보아 주었다고 해야 옳을 것이다. 새벽기도 시간에 맞추어 나를 깨워 주시던 한 권사님의 사랑이 지금도 새벽마다 새롭다.

이웃교회 장로님이 어린 신학생이 결혼하자마자 부임해 왔
다는 이야기를 듣고는 "신혼 여행"을 이리로 왔구만 하시며
웃었다고 했다. 정말로 나의 신혼 여행지 같았던 옥천중앙교
회는 내 목회의 첫 교회였고, 교회에 대한 성도들에 대한 나
의 첫사랑이었다.

나중에 딴소리

 교회를 사임하고 떠날 때 교인들에게 상처를
준 일이 있다. 나이 26세에 장년 오십여 명이 모
이는 교회의 담임을 맡았으니 많은 실수가 있었
음은 너무나 당연하다고 볼 수 있지만 너무 큰 상처를 준 일
이 있어 지금까지 미안하기 그지없다.

그 시절 어느 날 교회 부흥회를 마치고 피아노를 한 대 살
돈이 마련되었다. 그런데 내 맘 속에 교회에 장의자가 없어서
나이 드신 교인들이 예배드리기가 불편해서 가슴이 아팠다.
그래서 피아노는 아내가 시집올 때 가지고 왔던 피아노를 교
회로 내놓고 피아노 살 돈으로 장의자를 들여놓으면 좋겠다
는 생각을 하게 되었다. 제직회 때 집사님들께 내 의견을 말
하니 집사님 한 분이 말했다.

"전도사님, 나중에 딴 이야기 없깁니다."

"그럼요."

나는 응수했다. 내 의견은 부흥회 헌금으로는 장의자를 들

여놓고 교회에서 피아노를 장만할 때까지 아내의 피아노를 교회로 내놓겠다는 말은 빌려 준다는 의미였다. 그러나 하나 님의 교회에 목회자가 피아노를 빌려 준다는 말이 얼마나 철 없는 말인가는 그 후 늦게 알았다. 아내를 설득해서 피아노를 교회당에 내놓았지만 막상 교회를 사임하고 서울로 이사를 할 때 부임해 간 교회에도 피아노가 없었다. 아내는 자신의 피아노를 교회에 내놓은 적이 없고 내가 교회에서 피아노를 구입할 때까지 잠시만 빌려달라고 해서 피아노를 빌려 주었 으니 피아노를 가지고 가야 한다고 했다. 결국 피아노를 새로 구입하기 전에 서울로 임지를 옮기게 되어 아내의 피아노를 옥천교회에서 서울교회로 옮겼다. 피아노를 교회에 내놓는다 고 하고는 새로운 임지인 서울로 가지고 간 전도사 부부를 성 도들은 어떻게 생각하였을까? 마음에 얼마나 큰 상처를 입혔 겠는가?

우리 부부의 잘못된 결정으로 교인들에게는 큰 상처를 입 혔고 아내의 피아노는 나중에 없어지게 되었다. 결국 없어질 피아노를 그때 옥천중앙교회에 놔두었더라면…. 너무 젊은 시절의 목회는 실수가 많고 하나님의 영광을 가리우고 교인 들에게 상처를 주게 된다.

그 일은 교회를 떠난지 23년이 되도록 내 마음을 짓누르는 큰 짐이 되었다. 나는 늘 피아노 한 대 정도의 헌금을 모아서 그 교회에 보내고 싶었다. 교회를 떠난지 23년만에 나는 비로 소 그 소원을 풀었다. 중고 피아노 한 대 정도의 헌금을 준비

해서 교회를 방문하였다. 많은 교인들이 죽거나 교회를 떠나 아는 가정이 몇 가정 되지 않았다. 주일 낮 설교 시간을 허락 받아 설교를 하면서 지난날의 잘못을 고백했다. 예배 후 23년 전에 함께 있던 성도들과 함께 유명한 옥천냉면 집에서 점심을 먹으며 지난날들을 회상하였다. 그때 성도들의 이름을 거의 기억하고 있는 나 자신에 조금 놀랐다. 하기야 교회 성도들은 영적인 자식과 다름없으니 어찌 부모가 자식의 이름을 잊겠는가.

아주 오래 전 철 없던 학생 전도사 시절의 실수를 그리스도의 사랑으로 용납해 준 성도들이 고맙지만 그러나 이미 떠난 성도들을 만날 수 없으니 이젠 우리들의 허물과 실수까지 선으로 바꾸어 주시는 하나님께 우리 부부가 그들의 마음에 입힌 상처를 치유해 주시기를 간절히 빌 뿐이다.

줄이 끊어진 연이 되어 하늘을 날다

신학 대학 4학년 말 졸업 시험을 치르게 되었다. 마지막 과목 치르는 날에 교인 한 분이 하나님의 부르심을 받았다. 장례식과 졸업 시험 둘 중에 하나를 택해야 했다. 내가 비록 학생 전도사 신분이지만 담임 목회자이니 당연히 장례식에 가야 했다. 그렇다면 졸업 시험은 깨끗이 포기해야 하는데 이번에 졸업 시험을 통과하지 못하면 졸업이 일 년이 늦어진다는 생각만 하고 친구에게 대리 시험을 봐 달라고 부탁했다. 나에게 유익이 있다고 친구에게 못할 짓을 시킨 것이다.

앞으로 수많은 사람들을 어두움에서 빛으로 인도해야 할 신학도들이 어두움의 일을 일삼았으니 그 일이 불꽃같은 하나님의 눈길에서 어찌 눈감아 줄 수가 있겠는가? 친구는 내 대신 대리 시험을 보다가 발각 났다. 그래서 친구와 나는 6개월간 정학을 받고 근신 명령을 받았다. 만약 내가 성도님의 장례식을 우선으로 하기 위해서 졸업 시험을 얼마든지 포기

했더라면 주님은 나를 위해 분명히 일해 주셨을 것이다. 주님께 기도하지 않고 내 마음대로 내 방법대로 날기 시작했다. 마치 줄이 끊어진 연이 된 것도 모르고 마냥 하늘을 날아오르고 있었다.

대리 시험을 보게 하다가 발각되어 친구도 나도 졸업을 못하고 학교로부터 정학 징계를 받으면서 더 이상 옥천에서 서울까지 통학한다는 것이 무리라고 생각했다. 아니 그것은 핑계에 불과했고, 나도 이젠 시골 목회를 접고 서울에서 목회하고 싶은 마음이 더 컷다고 보아야 할 것이다.

그 생각이 마음에서 불일듯 할 즈음 서울에서 개척교회를 하고 있는 친구가 교회를 교환해서 목회를 하자고 제의해 왔다. 즉 내가 목회하고 있는 옥천중앙교회는 친구가 맡기로 하고 친구가 맡고 있는 서울 화곡동교회를 내가 맡기로 한 것이다. 교회는 주님이 피로 세우시는 곳이고 그 곳에 종들도 주님이 세우시는 것인데 나는 그때 새로운 임지로 떠나야 되는지 그곳에 그대로 남아야 하는지 주님께 깊이 기도조차 안 했다. 그저 미리 현지를 답사해 보니 도시 목회는 적막한 시골 목회보다 무언가 활기 있고 나의 비전대로 움직여 줄 것 같은 것에 끌렸다. 그래서 그 친구의 제의를 나도 흔쾌히 받아들여 내 마음대로 교회를 맞바꾼 것이다.

그러나 정작 서울 화곡동 임지에 와 보니 교인은 하나도 없고 교회 월세는 23만원에 보증금도 100여만 원이 채 남아 있지 않았다. 결국 3개월만에 교회를 그만두고 인천으로 내려

올 수밖에 없었다. 친구의 말만 믿고 주님의 교회를 내 마음대로 한 것이 큰 잘못이었다.

인천으로 내려와 큰 누님과 아내의 도움으로 음악학원을 하게 되었다. 그리고 교회 성가대 지휘자로 일하면서 평일에는 시립합창단에 나가 유급 단원으로 근무하게 되었다. 주님의 종이 목회 임지를 잃은 것은 곧 생명을 잃는 것과 다름이 없다. 주님과 끈이 끊어져 내 멋대로 날아오른 하늘은 나를 그 모습 그대로 땅바닥에 곤두박질치게 했다.

그 후 친구가 맡고 있던 주안중앙교회 담임 전도사로 가게 되었다. 그 교회는 인천 수봉공원 밑에 위치하고 있었고, 생활이 어려운 도시 빈민들의 교회였다. 나는 5년간 생활이 어려운 교인들을 묵묵히 섬기며 목회 하였다. 그 교회에서 일하던 중 목사 안수를 받았다. 교회 성도들은 노동을 해서 근근히 먹고 사는 사람들이 대부분이었다. 맞벌이 부부가 많아 선교원을 운영하다가 교회 교육관에 유치원 인가를 냈다. 이름은 예쁜 유치원이었다. 교인들과 주변에 맞벌이 부부가 많았으므로 우리는 오후에도 아이들을 돌봐야 했다.

교인 중에는 술 주정으로 남편에게 매 맞고 사는 부인들도 많이 있었다. 그들은 시퍼렇게 멍이 들었지만 애써 부엌에서 넘어졌다고 말했다. 당시에는 매 맞는 부인들이 상담을 해 오면 참고 살라고 하지만 지금은 그렇게만 말하기 어려운 시대를 살고 있다.

삶이 고단한 교인들이 많은 교회였지만 5년간 그들을 돌보

며 아픔을 함께 나누었던 도시 빈민 교회였던 주안중앙교회!
나서는 것을 좋아하는 내가 흙속에 파묻히는 것 같은 기간이
었지만 주님은 그 기간 동안 주님과 나 사이에 끊어진 줄을
다시 이어 주시고 주님의 사랑과 은혜를 변함없이 공급하고
계셨다.

옥천중앙교회에서부터 서울 화곡동으로 잠시
갔다가 인천으로 임지를 옮기는 방황의 행로 중에
서 본의 아니게 개인적인 빚을 지게 되었다. 큰 누
나의 도움으로 어느 정도는 갚을 수 있었지만 빚은 늘어나고
또 늘어 났다. 결국 주안중앙교회에서 목사 안수를 받기까지
오랜 기간 개인적인 빚 때문에 늘 어려움이 따랐다. 요즘 길
에 다니다 보면 이런 광고를 보게 된다.

"빚 대신 받아 줍니다."

분명 폭력을 쓰거나 폭언을 해서 빚을 대신 받아 주는 거라
는 생각에 가슴이 섬뜩하다. 카드 빚 때문에 자살을 하는 사
람들이 너무 많아 사회의 문제로 부각되기도 했다.

사람이 빚을 지게 되면 마음이 위축된다. 미국에서는 빚을
져도 그 사람이 원치 않으면 전화도 할 수 없고 독촉할 수도
없다. 더우기 폭력을 쓰거나 폭언을 쓰면 법의 제재를 받는
다. 그러나 우리 나라는 아직도 빚을 진 사람을 비인격적으로

대한다. 한때 빚을 대신 받아 준다는 사람이 빚진 사람에게 "신체 포기 각서"를 쓰게 해서 사회적인 물의를 일으킨 적도 있다. 빚은 반드시 갚아야 하지만 빚을 받기 위해 인간의 존엄성까지 짓밟아서는 안 된다. 대기업에 엄청난 돈을 물리고는 서민들의 돈은 갖은 수단과 방법을 동원해서 받아내는 것이 금융기관이며 사채업자들이다. 그래서 빚을 진 사람은 그 심리적인 압박을 견디다 못해 자살을 택한다.

빚을 지고 독촉을 받으면 죽고 싶은 생각이 든다. 이자를 갚기 위해 돈을 또 빌리고 이자에 이자가 늘어나면 빚은 눈덩이 같이 늘어난다. 신용 카드를 사용하다가 카드 빚을 갚기 위해 "카드 할인"이라는 것까지도 해 보았다. 예를 들면 100만 원짜리 물건을 사는 것처럼 꾸며서 100만원의 카드 금액을 현금으로 받는 수법이다. 이때 20-30%의 수수료를 챙기는 사채업자들에게 70여만 원밖에 받지 못한다면 그 빚이 얼마나 늘어 나겠는가. 결국 그런 식으로 빚을 메꾸어 오다가 막다른 길에 도달하는 것이다.

그 심리적 압박은 내가 경험을 해 보아서 잘 안다. 돈은 얼마 써 보지 못하고 빚만 눈덩이처럼 불어난다. 돈을 잘 관리하지 못해서 늘어난 빚을 혼자 감당하지 못할 때 도와줄 사람도 없다면 어떤 심정이 될까? 자녀를 10층 아파트에서 내던지고 자신도 뛰어 내린 끔찍한 일을 저지른 어느 여인처럼 죽음만이 빚의 노예에서 벗어나게 하는 유일한 방법이 될 수밖에 없을 것이다.

빛을 진 전도사! 그래서 빚진 사람의 고통을 알게 되었다. 그런데 빚을 대신 받아 준다는 끔찍한 광고 대신 누군가 빚을 대신 갚아 준다면 빚진 자들에게는 얼마나 큰 기쁨의 소식이 될까? 내가 내 힘으로 감당할 수 없는 빚을 지고 빚의 굴레에서 허덕일 때 어느 날 나의 아버지가 빚을 대신 갚아 주시겠다고 하셨다. 그때 날아갈 듯한 자유와 기쁨을 어찌 다 표현할 수 있으랴!

우리는 내 힘으로 갚을 수 없는 엄청난 죄의 빚을 진 사람들이다. 예수님에게 우리의 죄의 댓가를 대신 치르기 위해 십자가에 달려 죽게 하신 하나님의 사랑으로 우리들은 죄의 굴레에서 자유한 자가 되었다. 예수님은 우리에게 약속하셨다.

"너의 죄의 빚을 내가 대신 갚아 주겠다."

나를
부인한 전도사

예수님의 수제자 베드로는 목숨을 부지하기 위해 예수님을 세 번씩 부인했다. 내가 베드로였다면 어떻게 했을까? 역시 나도 주님을 부인했을 것이다. 나는 생명의 위협을 느끼지도 않았던 때에 내 자신을 부인한 일이 있기 때문이다.

주안중앙교회에서 담임전도사로 일할 때 금요일로 기억된다. 길에서 고등학교 동창들을 만나서 식사를 함께 하게 되었다. 식사하다가 동창들이 주는 맥주 한 잔을 받아 마시고 얼굴이 빨개졌다. 선천적으로 술을 한 잔만 마셔도 얼굴이 빨개지므로 평소에 술을 먹지 못했다.

친구들과 헤어진 뒤 들고 나온 주보를 복사하기 위해 제물포역 뒤편에 있는 복사집을 찾았다. 그런데 복사집 주인이 나를 알고 있는 모교회 집사였다. 그는 나에게 물었다.

"혹시 김수철 씨가 아닌가요?"

나는 엉겁결에 아니라고 부인했다. 술 한 잔에 얼굴이 빨갛게 달아올랐기 때문이다. 지금 복사기에서 복사되어 나오는 주보에는 담임 전도사 이름이 버젓이 '김수철'이라고 나오고 있는데 본인이 그 자리에 서 있으면서 나를 부인한 것이다. 내가 술 한 잔에 이렇게 비겁해졌는가를 생각하면 지금도 낯이 뜨거워진다.

술을 많이 마시는 사람 중에는 전혀 티가 나지 않는 사람도 있고 나처럼 한 잔에 티가 나는 사람도 있다. 한 잔만 먹어도 마치 큰 죄를 지은 사람인 것처럼 당당하지 못한 내 자신이 너무 비참했다. 그리고 술 한 잔만 먹어도 죄인 취급하는 한국 교회의 분위기가 심히 못마땅한 것도 있었다.

술 한 잔에 내 자신을 부인한 나를 아직도 이해할 수 없다. 그러나 예수님을 세 번씩 부인한 베드로는 이해할 수가 있다.

나를 바라보라!

목사 안수를 받은 후 울산으로 내려가게 되었다. 울산은 당시 전국에서 학력이 가장 높은 도시였고, 현대자동차와 현대중공업 등 공업도시로서 목회하기 좋은 조건을 갖추고 있었다. 울산은 기독교인이 약 6–7% 밖에 되지 않았고, 경남 지역의 대부분의 도시가 그러했으니 오히려 할 일이 많아 좋았다.

내가 부임한 옥동중앙교회는 조립식으로 지어져 있었기 때문에 교회를 건축할 수 있는 기회가 주어질 것 같아 좋았다. 더욱이 울산에서도 옥동 지역은 신개발 지역으로 직장인들이 많이 살고 있는 지역이었다.

부임한 후 교회 지역에 아파트들이 들어서기 시작하면서 교인들이 많이 등록을 하여 교회가 비좁았다. 기도하는데 하나님께서 성전 지을 마음을 주셨다. 주변의 아파트들이 들어서는데 교회는 조립식이어서 초라할 뿐 아니라 화장실도 재래식이고 교육관도 없었다. 하나님께서 학개서의 말씀을 주셨다.

"이 전이 황무하였거늘 너희가 판벽한 집에 거
하는 것이 가하냐."(학개 1:4)

그러나 교인들 몇 가정이 교회당 건축을 차후로 미루자는
반대 의견이 있었다.

"이 백성이 말하기를 여호와의 전을 건축할 시
기가 이르지 아니하였다."(학개 1:2)

그러나 더 이상 교회 건축을 미룰 수 없어서 몇 가정의 반
대에도 불구하고 교회 건축은 시작되었다. 교회당을 건축한
후 교회는 크게 부흥하였다. 그러나 교회 내에 목회자와 화목
하지 못한 가정들이 있어서 늘 목회에 어려움이 따랐다. 한
번은 설교를 하는데 나를 반대하는 성도들이 내 눈에 자꾸 거
슬리게 하였다. 마음에 부담이 되어 설교를 할 수 없었다. 그
때 주님이 나에게 말씀하셨다.

"너는 왜 그쪽을 보느냐. 너를 위해서 기도해
주고 너를 따르는 많은 사람들 쪽을 보아라. 그
리고 나를 보아라."

　주님께서는 주님만을 바라보게 하셨다. 그곳에서 10년을 목회하면서 하나님께서 많은 훈련을 시키셨다. 그런 가운데 교회 창립 15주년을 맞이하게 되었고, 교회를 봉헌하게 되었다.

　교회를 봉헌하면서 그동안 교회에 충성을 다한 일곱 명의 안수집사와 다섯 명의 권사를 세웠다. 그 중에는 교회를 건축할 때 물의를 일으켰던 두 가정 부부에게 안수집사와 권사의 직분을 주게 된 것이 가장 감사했다. 목사와 갈등을 일으킨 가정은 대부분 교회를 떠나는데 화해하고 그대로 남아 있는 경우는 드물기 때문이다. 교회를 크게 짓고 봉헌한 것도 나의 자랑이요 기쁨이지만 나와 반목했던 성도들과 끝까지 인내하여 화목하게 된 것은 나의 삶에 가장 큰 기쁨을 주는 열매이다.

노숙자

옥동중앙교회를 건축한 후 노숙자들의 방문이 많아졌다. 노숙자들이 큰 교회를 찾는 이유는 큰 교회에 가야 얻어먹을 것이 있다고 생각한 것 같다. 그래서 교회마다 구제비 예산을 세워 놓고 대부분 교회를 찾아오는 노숙자들에게 몇 푼을 쥐어 주는 것이 고작이다. 큰 교회는 노숙자들이 목사를 만나려 하지만 교회 관리인이 그들을 대하는 경우가 대부분이다.

그러나 우리는 교회를 건축한 후에 바로 관리집사를 둘 수 없어서 노숙자들을 일일이 담임 목사가 맞이할 수밖에 없는 실정이었다. 노숙자 중에는 술을 먹고 찾아와서 행패를 부리며 돈을 달라는 사람들도 있고, 노잣돈이 떨어졌다고 보태달라는 사람들이지만 그 사정을 다 들어줄 수는 없었다. 거짓말을 하고 돈을 얻은 후 바로 술을 사 먹는 사람들도 목격을 하지만 그래도 교회라고 찾아온 사람들을 야박하게 대할 수도 없는 일이다. 목사가 일일이 그들의 사정을 들어줄 수 없고

이런저런 말들이 많아 초대교회는 구제를 담당할 집사들을 세웠다.

한번은 다리를 심하게 저는 이씨라는 사람이 교회를 찾아왔다. 특별히 이씨는 다리를 심하게 절어서 그 몸을 가지고 할 일이 없을 것 같아서 교회 주변에 방을 얻어 주었다. 교회 주변에는 아직도 개발되지 않은 땅이 있었고 집 값이 저렴했기 때문이다. 이씨에게 방을 얻어 주고 그를 돌보는 것이 목회의 또 하나의 재미였다.

교회에서 이씨 집의 월세를 지출하고 각 전도회에서도 그를 도왔다. 그러나 날이 갈수록 이씨를 더 이상 도와서는 안 된다는 말들이 많이 나왔다. 그가 돌아다니며 돈을 구걸해서 술을 사먹는다는 것이었다. 그러지 말라고 타일러도 앞에서는 "예"라고 답하지만 단번에 술을 끊게 하는 것은 쉬운 일이 아니었다. 그래도 주일 예배에 나와 함께 예배를 드리는 그의 모습이 대견스러웠다.

그가 세례를 받은 후 교통 사고를 당해서 병원에 입원을 했는데, 교통 사고 때문에 진단하다가 그가 위암이어서 얼마를 살지 못한다는 진단을 받게 되었다. 이씨는 결국 병원에서 퇴원하지 못하고 하늘나라로 갔다. 임종할 때 그는 내 손을 꼭 잡고 목사님과 지낸 몇 달이 가장 행복했노라는 말을 남기고 세상을 떠났다. 그는 비록 술주정뱅이로 사람들에게 비난을 받고 살았지만 예수님을 믿어 세례를 받고 교인들의 배웅을 받으며 하늘나라로 갔다.

간간이 노숙자들을 돌보기 시작한 후 어느 날 맑쑥한 차림의 노인이 교회를 방문하여 나를 찾았다. 노인이라기에는 아직 젊은 분이었다. 나이는 환갑이 넘었는데 아주 건강해 보였다. 아내와는 이혼을 한 후 부인과 자녀는 모두 미국으로 떠나고 자신은 젊은 여자와 함께 살면서 룸살롱을 운영했다는 것이다. 그런데 어느 날 함께 살던 여자가 재산을 챙겨서 다른 남자와 야반 도주를 해서 자신은 알거지가 되어 노숙하는 신세가 되었다고 했다. 어떻게 여기를 찾아왔냐고 물었더니 이 교회 목사님이 노숙자들을 따뜻하게 대해 준다는 소문을 듣고 찾아왔다는 것이다. 노숙자들을 따뜻하게 맞아 준다는 소문이 싫지 않은 나는 그 소문이 거짓이 아니라는 것을 증명하기 위해 더욱 그 노인을 친절하게 맞이할 수밖에 없었다. 며칠 노숙은 했다지만 옷차림새는 아직 흐트러지지 않았기에 우선 교회 3층의 방에서 생활하도록 했다. 며칠이 지난 후 노인은 시키지도 않았는데 교

옥동 중앙교회 성전 건축 입당 (1993년 겨울)

회 전체를 깨끗이 청소를 하고 있었다. 결국 그 노인을 교회 관리집사로 임명하고 얼마간의 수고비도 주게 되었다.

나는 이왕 노숙자를 돌봐주는 교회로 소문이 났으니 본격적인 노숙자 사역을 하기로 마음을 먹었다. 권사님들이 모인 기도회에서 이제 교회도 건축하고 봉헌도 했고 부흥도 했으니 버스를 한 대 사서 노숙자들을 위해 매일 식사를 제공할 수 있도록 기도 제목을 내놓았다. 당시에는 교회가 지역 사회를 위해서 무엇을 해야 할 지 기도하던 때였다. 그 기도는 결국 한국에서 이루어지지 않았지만 미국에서 이루어졌으니 기도의 힘은 엄청난 능력을 가지고 있음을 실감하지 않을 수 없다. 후에 하나님께서는 미국에서 집을 잃은 사람들이 거할 수 있는 노숙자 쉼터를 허락하시어 한국에서 조금씩 하던 노숙자 사역을 본격적으로 하도록 허락하신 것이다. 미국에서의 홈리스 사역은 이렇게 한국에서부터 시작되었다.

 기도외에는

 교회 건축 후 언제부터인가 금식 기도를 해
야겠다는 생각이 떠나지 않았다. 하나님이
주신 생각이겠지만 결단하기까지 시간과 기
도가 필요했다. 한 끼도 굶지 못하는 내가 어떻게 30일 동안
굶으며 금식 기도를 할 수 있겠는가? 도저히 불가능한 일이었
다. 교회가 건축 되면 급속히 양적 성장이 이루어질 것이라는
생각은 크게 빗나갔고, 오히려 교회 건축으로 인하여 위기감
이 돌고 분위기도 은혜롭지 못했다. 무엇보다 내 자신이 영적
으로 충만하지 않았다.

강단에서 30일 금식 기도를 선포했다. 강단에서 선포해야
30일 동안 금식 기도를 잘 마칠 수 있을 것 같았다. 오산리 순
복음금식기도원에 들어가서 금식 기도를 시작하였다. 금식
기도에 들어 갔다고 하면 영적으로 충만하여 무슨 신령한 은
사를 흠뻑 받고 있는 줄 알지만 나는 그렇지 않았다. 오직 밥
만 먹을 수 있다면 더 이상의 소원도 꿈도 없을 것 같았다. 식

당을 지나치며 식사를 하는 사람들을 보면서 밥만 먹을 수 있다면, 동치미 국물 한 사발만 먹을 수 있다면 최고로 행복할 것 같았다. 아버지와 어머니가 금식 기도원을 방문하셨다. 아버지가 물으셨다.

"교회에서 시키더냐?"

나 스스로 금식 기도를 한다는 것이 불가능한 일로 보신 것이다. 이 세상에 감옥에 가도 밥은 주는데 내가 아무리 잘못했어도 30일씩 굶으라고 한다면 누가 그 말을 듣겠냐고 말씀을 드렸다.

금식 기도를 마친 후 15Kg이 빠진 몸으로 교회에 도착하고 다음날 주일 강단에 올라갔더니 성도들 모두 눈시울이 뜨거워졌다. 쑥 들어간 눈과 핼쓱해진 모습을 보면서 나를 비난하고 대적하던 집사님도 눈물을 흘렸다. 나의 모습이 성도들에게는 목사가 자신들을 위해 금식 기도를 한 것이 큰 충격이었던 것 같다. 새벽 기도 때에는 말씀만 읽어도 은혜가 충만했다. 교회는 생동감이 넘쳤고 부흥되어 갔다. 목사를 보는 눈이 달라진 것일까? 중요한 것은 금식 기도 후 어떤 능력을 받은 것이 어필된 것이 아니고 자신들을 위해 오랜 기간 기도한 것이 미안했고 안스러워 보였나보다. 자신들을 위해 희생할 줄 아는 모습을 발견하였기 때문이었을까? 나를 비난하고 대적하는 사람의 마음을 무엇으로 돌려 놓겠는가? 아니 그들을 돌려 놓으신 것이 아니고 나를 돌려 놓은 것이다. 주님은 기도 외에는 다른 방법이 없음을 무언 중에 알게 하셨다.

공부하는 목회자

항상 나 자신의 부족함을 느낀다는 것은 좋은 일이기도 하지만 자신에 대한 확신이 부족한 탓도 있다. 나의 목회의 반은 혼자서 고독하게 성경을 읽고 묵상하고 기도해서 설교가 나오는 것이 아니고 큰 교회 목사님들의 설교를 모방하여 설교하기도 하였다. 그것은 당장은 편하고 좋은 것 같지만 결국에는 자기 것을 만들지 못하는 한계를 지니고 있었다. 나는 목회를 시작하는 후배들에게 당장은 효과가 없는 것 같고 졸작이라 할지라도 열심히 성경을 읽고 묵상해서 하나님께서 자신을 통해 말씀하시고자 하는 것을 듣고 설교하는 훈련을 열심히 할 것을 부탁하고 싶다. 많은 분량의 독서와 공부는 간접적인 경험을 풍부하게 만들어 후에 그러한 모든 것이 합력하여 선을 만들어 나간다는 것을 잊어서도 안 된다.

나 자신이 배우고자 하는 열망으로 이곳저곳으로 열심히 공부하고 배우는 목회자가 되기를 힘써 왔다. 학구적인 열심

이 많아 지금까지 공부를 쉰 적이 없다. 학부도 두 개, 대학원
도 두 개, 그리고 박사 공부에 이르기까지 끊임없이 공부할
수 있는 기회를 가진 것도 감사한 일이다. 그러나 '구슬이 서
말이라도 꿰어야 보배'라는 말이 있듯이 많은 공부도 중요하
지만 그것을 나의 것으로 소화하고 만드는 작업이 중요하다.
나만이 할 수 있는 전문성을 키워 나가는 것이다.

목회자들은 설교의 분량이 너무 많다. 일주일 동안의 새벽
기도회, 수요 기도회와 주일 저녁 예배, 주일 대예배의 설교
를 준비하려면 쉽지 않다. 그래서 남의 설교를 모방하려는 유
혹을 많이 받는다. 교회를 성장시키려는 욕심이 너무 많아서
하나님이 나에게 말씀하시고자 하는 소리를 듣지 못하고 성
도들의 필요를 채워 주기에 급급한 나머지 메신저로서의 역
할을 제대로 하지 못한다.

목회는 마라톤이다. 천천히 하나님께서 나의 영성을 통해
이루시고자 하는 뜻을 듣고 그것을 목회를 통해 이루고자 하
는 지혜가 필요하다. 지금 목회자들에게 교회 성장이 너무 우
상이 되어 있다. 교회 성장 세미나는 이제 한풀 꺾인 것 같다.
내 교회가 몇 명이 모이는 것이 중요한 것이 아니라 교회가
작든지 크든지 나만의, 우리 교회만의 독특성과 개성을 살리
는 일이 중요하다. 교회의 머리 되신 주님이 가장 원하시는
교회가 되고자 끊임없이 배우고 가르쳐야 할 것이다.

03 포근한담요와따뜻한 스프

거리의 바닥은 싸늘했다. 홈리스들의 요와 이불은 종이나 박스 조각이다. 떨어진 낙엽처럼 바닥에서 구겨져 잠을 자는 홈리스들에게 포근하고 따뜻한 담요를 덮어 줄 수만 있다면 얼마나 좋을까 하는 생각이 홈리스 사역을 시작하고 겨울만 돌아오면 나의 간절한 소원이 되었다. 홈리스들이 그 담요를 덮고 잠을 자고 있는 모습을 보면 가슴이 뭉클해진다. 어렸을 적 이불을 차내고 자고 있는 나에게 포근히 이불을 덮어주던 아버지처럼 나는 그들의 이불을 덮어준다. 주님은 우리의 허다한 죄와 허물을 덮어 주었으니 사랑은 덮어주는 일로부터 시작되는 것 같다.

일 할 곳은 찾았으나 일을 시작할 엄두가 나지 않았다. 이럴 땐 무조건 무엇이든 시도해야 한다. 그러면 주님께서 우리의 서투른 걸음을 인도하시고 만날 자를 만나게 하기 때문이다. 홈리스 사역은 어디에서부터 그 실타래를 풀어야 하나?

나에게는 그들에게 먹일 음식도 없고, 함께 일해 줄 동역자도 없었다. 나는 철저히 빈손일 뿐이었다. 무엇보다 가장 난감한 일은 내가 영어를 잘 못하는 것이다. 영어를 잘하지 못하는 목사가 어떻게 홈리스들을 상대로 이 사역을 할 수 있겠는가? 은근히 걱정이 되었지만 할 수 있다고 생각했다. 모세는 말을 잘하지 못했지만 하나님이 아론을 붙이시지 않았는가? 그것이 문제가 될 수는 없었다. 어떤 것도 윤곽을 드러내지 않을 때 주님께서 한 마디 하지 않으시고 침묵을 지키실 때도 주님은 말없이 우리를 위해서 일하시고 계신다.

어느 날 전예인 목사가 일하는 거리의 사역지에 가게 되었

다. 그때 어느 여전도사가 감자를 삶아 가지고 그곳에 왔다. 이은주 전도사는 암 투병 중 하나님을 만났다고 말했다. 평범한 이야기가 오고 갔다. 그런데 이야기의 끝자락에 랄프스 마켓(Ralphs Market)에서 빵을 가져 올 수 있는데 그 빵이 필요하냐고 전예인 목사에게 묻는 것이었다. 그 말에 나는 귀가 번쩍했는데 전목사는 현재로 충분하니 더 필요치 않다고 말했다. 나는 그 빵을 나에게 줄 수 있느냐 물었다. 나는 그 빵이 필요하다고 말했다. 이틀 후에 이전도사가 랄프스 마켓에서 빵을 주겠다는 연락을 전해 왔다. 나는 주님께 감사하며 뛸 듯이 기뻐했다. 주님은 한 가지만 이루시는 것이 아니라 여러 가지를 한꺼번에 이루시는데 내가 가장 고민하던 문제를 풀어 주셨다.

나는 이전도사에게 나와 홈리스 사역을 함께 하자고 청했다. 이전도사가 나와 홈리스 일을 동역하겠다고 했다. 주님은 나에게 좋은 동역자를 주셨는데 그녀는 영어를 아주 잘하는 동역자인 것이다. 이 날 뜻밖에 만난 이전도사는 그날부터 오늘까지 한결같이 홈리스들 곁에서 떠나지 않고 일하고 있다.

홈리스 사역 첫날

미국에 간지 4년밖에 안 되어서 주변에 아는 사람들도 별로 없었다. 더구나 모두들 출근해야 하는 아침 7시에 함께 일할 사람을 찾을 수 없었다. 냄새나고 위험한 로스앤젤레스 다운타운의 부랑자 거리에서 홈리스들과 아침 식사를 나누며 함께 예배할 수 있는 사람을 찾는다는 것은 쉬운 일이 아니다. 오직 이 일을 도울 수 있는 사람은 이 일에 헌신된 사람이 아니면 불가능한 일이었다. 그래서 혼자 시작할 수밖에 없는 쓸쓸한 사역이었다. 홈리스 사역의 시작은 홀로 쓸쓸히 시작되었다.

사역 장소는 홈리스들이 가장 많이 모일 수 있는 샌 줄리안 거리(San Julian Street)로 정했다. 왜냐하면 랄프스 마켓에서 홈리스들의 아침 식사분의 음식이 많이 공급 되기 때문이다.

처음 시작하기 하루 전날, 코스트코(Costco)에 가서 커피와 프림, 설탕, 컵과 탁자 두개를 구입했다. 그리고 주방기구점

에서 100여 명의 커피를 끓이고 담는 장비를 구입했다. 평소에 남을 사주기 좋아하는 내 성격에 배고픈 사람들에게 주는 음식에 돈이 아까울 리가 없다. 그리고 크레디트 카드에 얼마간의 쓸 돈의 한계가 남아 있는 것에 감사했다. 하나님의 일을 위해서 빚을 지는 것이니까 하나님이 책임질 것이라는 믿음으로 말이다.

다음 날 이른 새벽 일찍 일어나 집에서 100여 명의 커피를 끓였다. 커피의 냄새가 얼마나 그윽하고 좋은지…. 컨테이너에 커피를 담고 새벽 6시에 랄프스 마켓에 갔다. 이전도사가 와서 기다리고 있었고, 마켓 매니저에게 나를 소개해 주었다. 처음 빵을 받으니 한 카트(Cart) 분량의 빵이 나왔다. 거기에는 식빵을 비롯해서 도넛, 샌드위치, 파이 등이 들어 있었다. 날짜가 오늘까지이니 시효가 지난 것도 아니다. 미국 사람들은 참으로 너그럽다는 생각이 들었다. 100여 명을 주고도 남을 만한 분량의 빵이다.

6, 7가 사이의 샌 줄리안 거리에 테이블을 펴고 혼자서 커피와 도넛 등을 나누어 주었다. 홈리스들은 나혼자인줄 알아서인지 줄도 잘 서고 고맙게 받아갔다. 순식간에 100여 명이 다녀갔다. 드디어 해낸 것이다!

"주여! 감사합니다!"

내가 나누어 준 빵과 커피를 맛있게 먹고 있는 홈리스들 등 뒤에서 나는 소리 없이 울었다.

신고식

한국에서는 어느 곳이든 신참이 가서 제일 먼저 하는 일이 신고식이다. 그것은 대부분 곤혹을 치르는 것이다. 결혼식에 신랑을 매달아 때리는가 하면 군에서나 직장에서도 신고식은 있다. 우리가 홈리스 사역을 시작할 때도 신고식이 있었다.

이 사역은 위험한 일이 많이 따른다. 홈리스들은 거의가 정신적인 결함이 있는 사람들이며 인생의 낙오자들과 각종 중독자들이다. 마약과 알코올, 노름 중독자들이 홈리스가 된다. 한마디로 말하면 인간성을 상실한 사람들이다. 가족이나 친척이나 친구들도 그들을 버렸고, 미국처럼 살기 좋은 나라에서 만든 홈리스 쉘터에서까지 적응을 못하고 쫓겨 나온 사람들이다. 사람들로부터 거절당한 상처가 분노로 가득 차 있다. 그래서 성격이 아주 난폭하고 악하기 짝이 없다.

사역을 시작한 그 주간 토요일에는 큰 딸 혜진이를 데리고 갔다. 혜진이는 피아노를 전공하고 있었다. 신앙이 좋고 착한

딸이라 그 험한 곳에 아빠를 따라 나선 것이다. 우선 영어를 잘하니까 마음이 든든했고, 앞으로 예배를 드리려면 키보드로 반주할 사람이 필요했기 때문이다.

이전도사가 밤새 끓여 가지고 나온 스프와 커피를 나누어 주었다. 오늘도 100여 명이 넘는 홈리스들이 줄을 서서 음식을 받아먹으며, "탱큐"(Thank you!)와 "갓 블레스 유"(God Bless You!)를 연발했다. 쓰레기를 주우러 집게와 봉지를 가지고 다니던 나를 딸아이가 급하게 부르기에 가보니 이전도사의 얼굴이 벌겋게 부어 올라 있었다. 자초지종을 물었더니 흑인 여자에게 한 대 맞았다고 한다. 깜짝 놀라 때린 이유를 물으니 커피를 달라고 해서 떨어졌다고 말했더니 갑자기 주먹이 날아왔다는 것이다. 기가 막힌 노릇이었다. 다른 어떤 사역도 일하고 나면 감사의 표시를 받을 수 있다. 말을 못하는 중증 장애인들도 몸을 씻겨 주고 나면 눈으로라도 감사하다고 말한다. 그러나 홈리스들은 백 번 잘해 줘도 한 번만 마음에 안 맞으면 욕설과 폭행을 하려 한다. 그런 사람들이기에 나는 그들이 더욱 가엾고 불쌍하다. 감사하다는 것도 모르는 자들이니 우리들이 베푼 사랑에 전혀 갚을 줄 모르는 사람들이 아닌가? 내가 베푼 것을 다시 돌려 줄 수 없는 자에게 한 것이 곧 주님께 한 일이 되는 것이다. 어지럽고 더러운 주변을 대충 정리하고 맥도널드에 가서 음식을 시키고 있는 동안 이전도사는 달걀을 사러 갔다.

딸애는 좋은 일 하러 왔는데 이런 일이 있다니 하고 대단히 낙심한 표정을 지었다. 나는 예수님이 당하신 고난에 대해 이야기를 해 주었다. 예수님은 하나님이신데 인간에게 모욕과 멸시, 그리고 침 뱉음과 채찍에 맞으신 것을 설명해 주자 그제야 기분이 나아진 것 같았다. 다음에 키보드 반주를 하러 안 나오면 어쩌나 하는 걱정이 들기도 했다. 이전도사가 계란을 사러 간 사이 나는 그런 생각을 했다.

'이전도사가 맞으신 것이 다행이지. 딸애가 맞았으면 어떻게 되었을까? 다행이다.'

딸애를 아끼는 마음보다는 어린 마음에 상처라도 받으면 어떻게 하냐는 그런 걱정에서였다. 이전도사는 계란을 사서 얼굴에 문지르면서 평생 처음 맞았다고 한다. 나는 정말 미안한 마음으로 '내가 맞았어야 하는 건데' 하며 죄송해 했다.

"홈리스 선교를 하다 보면 맞기도 하고 침 뱉음도 당한다. 각오를 단단히 해야 한다."

전에 홈리스 사역을 하던 어떤 목사의 말이 생각났다. 나의 비장한 각오와 다짐을 알 길 없는 이전도사는 영문도 모르고 연실 웃으며 달걀을 굴렸다.

우리의 필요를
채우시는 분

 홈리스들이 100명에서 150여 명으로 늘어났다. 랄프스 마켓에서 보내 주는 빵과 사서 쓰는 커피와 그밖에 필요한 물품들이 금방 바닥났다. 굶주린 사람들 앞에 남아날 음식이 어디 있겠는가? 정말 음식 같이 생긴 것은 무엇이든 남아나지 않았다. 이제는 나 혼자의 힘으로만 사역을 계속할 수가 없었다. 그렇다고 누구에게 도움을 청할 수도 없었다. 어떻게 해야 하나? 이럴 때 주님은 주님께 구하라고 말씀하셨다. 불현듯 신문사가 생각났다. 누군가 이 일을 도울 사람들이 준비되어 있다면 신문으로 연결되는 것이 가장 용이하기 때문이었다. 이곳에서 일간지로 발행되는 한국일보와 중앙일보의 종교 담당 기자에게 팩스를 보냈다. 전화로 말하기는 도저히 쑥스러웠기 때문이다. 다음 날 금요일 종교란에는 "커피, 빵 지원해 주세요." "홈리스들에게 나누어 줄 따뜻한 도넛 등 부족해요."라는 타이틀의 기사가 보도되었다. 잔뜩 기대에 찬 그 날 공교롭게도 핸드폰을

잃어버리고 말았다. 아침에 빵을 나누어 줄 때 깜빡 잊고 자동차 문을 잠그지 않은 것이다. 신문을 보고 전화가 많이 왔을 텐데…. 하필 오늘 핸드폰을 잃어버릴 게 뭐람! 속은 좀 상했지만 주님은 우리가 기대한 것과 전혀 다른 방법을 사용하시니까 어쨌든 더 선하게 이루어 주실 것을 믿었다. 핸드폰 회사에 전화를 해서 전화를 정지시켰지만 메시지만은 듣게 해 주었다. 예상대로 여러 사람의 전화 메시지가 들어와 있었다.

회사를 운영하는 어떤 분은 홈리스 후원금 1,000불을 보내주겠다고 한다. 사역을 위해서 기드빗으로 장비를 구입한 돈을 갚고도 남는 금액이었다. 또 토랜스(Torrance City) 근처 커피 중개업을 하는 사람은 25박스의 커피를 기부할 테니 큰 차를 가지고 오라고 했다. 이제 적어도 6개월 이상 커피 걱정은 없을 것이다.

조그마한 승용차에 커피를 가득 싣고 오면서 사역을 위해서 중고 밴이라도 있었으면 좋겠다는 생각을 잠깐 했다. 며칠 뒤인 어느 날 사역을 마치고 아침을 먹기 위해 식당을 갔다가 우연히 중학교 동창을 만났다. 그 동창은 나를 알아보더니 자신이 교장으로 있는 학교로 찾아오라고 했다. 명함에 적혀져 있는 데로 찾아갔더니 디자인하는 학교였다. 홈리스 선교에 대한 이야기를 나누다가 창고가 필요할 것 같으니 학교 방을 하나 쓰라고 한다. 뿐만 아니라 밴을 한 대 기부하겠다고 하지 않는가!

　우리의 마음에 둔 생각까지 낱낱이 응답하시는 주님이 우리에게 필요한 것을 우리보다 먼저 아시고 속히 공급하시는데 무엇이 부족하겠는가? 그 친구가 기부한 7인승 밴은 지금까지 매일 아침 홈리스들에게 줄 복음과 음식을 싣고 힘차게 달리고 있다.

　누가 매일 아침 200명의 홈리스에게 식사를 공급할 수 있겠는가? 나는 우리 식구 네 명의 생계도 벅찬 것이니 그것은 오직 주님의 손길임을 부인할 길이 없다. 나는 수많은 홈리스들을 먹이시기 위해 끊임없이 공급하시는 주님의 부지런한 손길을 날마다 목격하고 있다.

가족들과 함께하는 사역

 　　　　　목회자가 사역을 함에 있어서는 가족이 참으로 중요하다. 물론 어느 가정이건 가족이 중요하지 않는 가정은 없지만 가족이 자신이 하는 일에 가장 큰 영향을 끼치는 것은 목회이다.

홈리스 사역을 시작할 때가 겨울철인지라 도넛이나 샌드위치만 가지고는 추운 땅바닥에서 밤을 지새우고 우리에게로 아침을 먹으러 오는 홈리스들이 안쓰러웠다. 그래서 이전도사와 교대로 스프를 끓이기로 했다. 내가 스프를 끓이는 날에는 둘째 딸 태은이가 도와준다.

아내는 타민족을 상대로 조그마한 선물가게를 운영해서 돈을 벌어 우리가 생활하는 일에 도움을 주니 고맙다. 미국에와 보니 목사가 받는 생활비로는 도저히 생활이 되지 않아 대부분의 사모들이 일을 하는데 내 아내도 예외는 아니다. 더구나 홈리스 목사니 말해서 무엇하랴.

큰아이는 어릴 때부터 음악적인 재질이 있었다. 그래서 꾸

준히 피아노를 하게 한 것이 오늘 미국 목회에 큰 도움이 되었다. 큰아이는 미국에 와서 줄곧 반주로 아빠의 목회를 도와왔고, 현재 하고 있는 사역의 통역과 번역을 도우면서 현재 UCLA에 재학 중이다. 홈리스 사역 현장엘 처음 온 날 이 전도사가 홈리스에게 한 대 맞은 것을 보더니 이곳에 올 때는 항상 홈리스들이 천사와 같게 해 달라고 기도한단다. 작은 아이는 음악보다는 운동을 더 좋아하고 소질이 있고 성격이 꼼꼼한 편이라 행정과 번역에 많은 도움을 준다.

이전도사도 딸이 둘이다. 큰딸은 다운타운의 한 직장에 다니며 엄마를 도와 사역을 하고 있고, 둘째는 유씨 샌디에고(UC San Diego)에 재학 중이다. 큰딸은 요즘 엄마와 함께 어김없이 아침 7시에 나와 우리의 사역에 함께 하고 있다. 그 덕에 이전도사가 행복해 보인다. 큰딸이 지금은 새벽에 일어나 홈리스 현장에 나와서 사역을 하고 있으니 요즘 같아서는 꿈인지 생시인지를 분간을 못하겠다고 한다. 생애 중 요즘같이 행복한 때는 없다는 말을 듣고는 하나님의 은혜에 다시 한 번 감사를 했다. 사실 우리 같은 사역자들을 하나님이 돌봐 주시지 않으면 어떻게 이 일을 감당할 수 있겠는가? 목회는 가족과 함께 하는 것이고, 가족들의 도움 없이는 하기가 어렵다. 그래서 우리는 날마다 좋으신 하나님을 찬양한다.

다운타운의 밤을
더욱 어둡게 하는
흑인 홈리스들

미국의 어느 도시이건 다운타운(Down Town)
이 있다. 도시의 중심가이며 상업 지구이다. 낮에
는 많은 사람들이 오가는 화려한 곳이지만 해가
지면 문을 닫고 모두 철시를 하기 때문에 암흑가로 변한다.
그곳은 사람이 전혀 살지 않는다. 그래서 어느 도시건 홈리스
들이 그곳으로 모인다. 밤이 되면 그곳은 그들의 세상이 되
기 때문이다.

홈리스 중에 그나마 정신이 온전한 사람들은 그들을 무료
로 재워 주는 쉘터를 찾아 들어간다. 무료 쉘터는 짐을 보관
해 주고 하루에 8시간씩 잠을 재워 준다. 샤워도 할 수 있다.
그러나 8시간이 지나면 침대를 비워 주어야 한다. 또 다른 사
람들이 사용해야 하기 때문이다. 잠을 잔 후 나와서 거리를
헤매거나 대기실에서 텔레비전을 보면서 또 다른 침대를 기
다린다. 돈이 있는 사람들은 하루에 25불을 내고 허름한 호텔
에서 잠을 자기도 한다.

　쉘터에 들어가지 못하는 사람이나 거리에서 잘 수밖에 없는 사람들 중 텐트가 있는 사람들은 거리에 텐트를 치고 잠을 잔다. 텐트가 없는 이들은 버려진 박스를 주워서 집을 만들어 잠을 잔다. 그리고 해가 뜨면 일찍 일어난다. 텐트나 박스 안에서 늦잠을 자다가 경찰에게 적발되면 티켓을 받게 되고 잘못하면 감옥에 끌려가게 된다. 거리에서 텐트를 치고 잠을 자는 것은 불법이기 때문이다. 또한 대부분 저녁을 먹지 못하니까 일찍 일어날 수밖에 없다.

　다운타운의 밤이 되면 더욱 어둡다. 그것은 흑인들이 많기 때문에 더욱 그런 느낌이다. 홈리스 중 대부분이 흑인이다. 미국에 온 지 얼마 되지 않았을 때 식구들과 함께 차를 타고 가다가 길을 잘못 들어 다운타운 쪽으로 들어가게 되었다. 밤의 다운타운은 여기저기 거리에 흑인들이 모여 있었다. 너무나 무서워 빨리 그곳을 빠져 나가고 싶었다. 한국에서 흑인 폭동 이야기를 들어서 미국의 흑인들은 난폭하다는 생각에 사로잡혔기 때문이다. 차량들은 거의 없는 거리라 더욱 무서

왔다.

길을 헤매다가 10번 프리웨이(Free Way)를 만나게 되었다. 이제 살았다고 생각을 했는데 프리웨이 입구에서 흑인들이 망치를 들고 서 있는 것이 아닌가. 등골이 다 오싹했다. 이제는 큰일났구나 생각하는 사이 차는 이미 그들이 서 있는 곳에 서고 말았다.

그들이 들고 있던 것은 망치로 내 차 유리창을 내리치는 줄 알고 나도 모르게 눈을 감았는데 눈을 떠보니 그들이 차 유리창을 닦고 있는 것이 아닌가! 그들이 들고 있던 것은 망치가 아니고 막대기였다. 그것이 밤에 멀리서 보니까 망치로 보였던 것이다. 막대기를 들고 있던 흑인 홈리스들은 빨간 신호등에 걸려 차가 서 있을 때 물어보지도 않고 재빨리 차 유리창을 닦은 것이었다. 안도의 숨을 몰아 쉬며 팁을 얼른 꺼내주고 신호가 바뀌자 신호를 받아 프리웨이로 들어선 경험이 있다.

그때까지는 홈리스 흑인에 대한 좋지 않은 선입견과 두려움이 있어서 그들을 보면 도망하고 싶었는데 이제는 그들이 내가 돌볼 양떼가 될 줄이야 누가 알았겠는가?

잣죽 할머니와 한인 홈리스

 홈리스들이 다운타운에 몰려 살고 있는 이유는 이곳에는 쉘터들이 많기 때문이고 무료로 식사를 제공해 주는 곳이 있기 때문이다.

사역을 시작하기 전 거리에서 예배를 드리고 음식을 나눌 장소를 찾다가 한국 홈리스 할머니를 만났다. 60세가 넘어 보이는 할머니가 내게 다가오더니 무엇을 찾느냐고 묻는다. 이곳에 어디가 아침 무료 급식이 필요하냐고 물었더니 자신은 여기서 생활한 지가 오래 되었는데 아침 급식이 가장 필요한 곳은 샌 줄리안(San Julian)이라는 길과 6가와 7가 사이에 있는 홈리스 쉘터(Shelter) 앞이라고 한다. 함께 그곳을 가 보았다. 거리는 상당히 더러웠고 냄새도 지독했다. 쉘터에는 사람들이 들어가서 잠을 자기 위해 줄을 서서 기다리고 있었다. 이곳은 음식이 전혀 공급되지 않고 잠만 재워 주는 곳이다. 그럼에도 주변에는 홈리스들이 상당히 많았다.

돌아본 거리 중에서 가장 더럽고 불결한 곳인 것 같았다. 이곳에서 시작을 해야겠다는 생각을 하고 주변을 살펴보았다. 할머니는 코리아타운에 갈 일이 있는데 데려다 줄 수 없겠냐고 한다. 코리아타운에 할머니를 모시고 가면서 이야기를 많이 나누었다. 아는 것이 참 많은 할머니인데 정신이 오락가락하기도 했다. 오랜 기간 불법 체류자 신분으로 전전하다가 홈리스가 된 할머니는 미국에 올 때는 많은 꿈을 가지고 왔을 텐데 집을 잃고 거리를 헤매는 사람이 되었으니 정말 가슴이 아프다. 누구나 미국에 대한 동경과 꿈을 가지고 이곳에 오지만 이 할머니처럼 어려운 처지에 놓이게 되기도 한다.

한 끼의 식사라도 대접하고 싶어서 가장 잡수시고 싶은 것이 무엇이냐고 물었더니 잣죽이란다. 기침을 하기 때문에 잣죽을 먹으면 좋다고 한다. 한인타운에 도착을 해서 식당에 들어가 잣죽을 시키니 할머니의 옷차림을 보고는 좋아하는 표정이 아니다.

할머니에게 성을 물어보니 "똥"이라고 불러 달랜다. 할 수 없이 "잣죽 할머니"라고 부르기로 했다. 영주권이 없어서 정부의 어떤 혜택도 받지 못해 한인타운의 교회를 찾아다니며 동냥을 해서 근근히 살아가고 있다고 한다.

가끔 할머니와 같은 한인 홈리스들을 만난다. 한인 여성 홈리스들을 만나면 어떻게든 돕고 싶은 마음이지만 방법이 없다. 혹 거처가 필요한가를 알아보면 자신은 거처가 필요한 것이 아니고 돈이 필요하다는 것을 보면 마약을 하는 여자임을

금방 알아볼 수가 있다. 그것만 아니면 어떻게든 돕겠는데 마약 때문에 어찌할 수 없다.

거리의 많은 여성들은 마약에 노예가 되어 단돈 2~3불에라도 몸을 판다. 몸을 파는 곳은 화장실이나 인적이 드문 곳이다. 몸을 팔아 돈을 마련하면 한 번 사용할 마약을 산다. 그리고 주사기로 자신의 팔에 마약을 넣는다. 마약은 결국 인간을 비참하게 만드는 마귀의 약이다.

대부분의 한인들은 한인도 홈리스가 있냐고 의아해 한다. 한인들은 특히 노름 중독자들이 많다. 여자의 경우는 국제 결혼에 실패한 사람들, 그리고 요즘은 부적 병원에서 영주권이 없다는 이유로 쫓겨 나오는 경우도 있다. 특히 약간의 정신병을 가지고 있는 사람들과 거동이 불편한 중풍병자로 오갈 데 없는 사람들이다. 고향을 떠나 머나먼 미국까지 와서 오갈 곳이 없는 사람들을 위한 한인재활센터가 속히 필요하다는 생각을 했다.

거리의 찬양단

매일 아침 기도만 하고 음식을 나누다가 예배를 드리기 시작하였다. 전에 개척교회 할 때 사용했던 앰프와 마이크를 차에 싣고 자동차의 배터리에 앰프를 연결시켰다. 스피커를 양쪽 테이블에 올려놓았더니 훌륭한 강단이 되었다. 키보드 반주에 맞추어 찬송을 부르니 음향이 좋았다. 나의 목소리는 앰프를 타고 다운타운의 거리에 울려 퍼졌다. 그래도 내 목소리는 독창회를 두 번씩이나 하고 음악 목사로 찬양을 인도하는 목소리가 아니었던가. 그러나 이제는 휘황찬란한 무대가 아닌 매일 아침 다운타운의 부랑자의 거리에서 홈리스들과 함께 부르는 찬양이 되었다.

처음에는 나 혼자 찬양을 하다가 존 폴 (John Paul)이라는 홈리스가 찬양을 따라 하는데 아주 목소리도 좋고 노래를 잘했다. 그는 삼십 평생을 성가대에서 봉사를 하며 지냈다고 한다. 얼마 후 존 폴이 나와 함께 찬양하기 시작하였고, 존 굿윈

홈리스들과 거리에서의 찬양

(John Goodwin)이 함께 하여 찬양을 하게 되었다. 어느덧 아주 훌륭한 거리의 찬양단이 구성되었다. 그들이 언제까지 나와 함께 찬양으로 영광을 돌릴지는 몰라도 나는 호흡이 있는 동안 쉬지 않고 주님께 찬양을 드리게 될 것이다. 존 굿윈은 일 년이 넘게 거리에서 함께 찬양을 했고, 존 폴은 지금도 가끔 와서 함께 찬양을 드린다.

얼마 전 주일에는 큰딸과 함께 UCLA 학생들이 왔다. 기타를 들고 사역 현장에 찾아온 것이다. 그래서 주일 거리 찬양단이 또 조직되었다. 매주 토요일에는 월드미션 학생들이 나와 찬양을 한다. 기타, 키보드가 연주되며, 흰색 보드(Board) 위에 큰 글씨로 쓴 찬양 가사를 들고 홈리스들과 함께 찬양을 한다. 하나님께서 참으로 기뻐 받으시는 신령과 진정한 예배를 드리는 것이다. 어느덧 거리의 예배가 찬양으로 가슴 벅찬 예배로 드려지게 된다. 거리에서 찬양할 때 올려진 그들의 손이 다양하다. 하얀 손, 검은 손…, 나는 그 다양한 색깔의 손을 보면 눈물이 난다. 그리고 나도 모르게 환호성이 터진다.

"오! 주님! 모든 민족으로 주를 찬송케 하소서."

그들의 언어로
전한 복음

　　나의 학창 시절엔 영어가 어려워 애를 먹었다. 대학 졸업을 하고 목회를 하면 영어와 무관하리라 했는데 이젠 영어로 설교를 해야 하니 어쩌랴! 큰딸에게 레슨을 받아 알아듣던지 못 알아듣던지 영어 설교를 시작했다. 그래도 홈리스들은 자리를 뜨지 않고, 나의 5분간의 설교를 듣고 있었다. 설교가 끝나자 홈리스들이 박수를 쳐서 나를 격려해 주었다. 난생 처음으로 하는 영어 설교를 미국 사람들이 알아들었다는 것이 신기했다. 한국 사람은 외국 사람이 한국말을 서투르게 해도 알아듣는 것처럼 홈리스들도 그렇지 않았겠나 생각했다. 여하튼 미국 홈리스들에게 한 가지 부러운 것은 홈리스들 모두 영어를 잘한다는 것이다.

　　이제는 영어 설교에 비교적 익숙하고 미국 홈리스들 앞에 혼자 서는 것이 겁이 안 난다. 영어가 많이 늘었다는 것보다도 그만큼 그들에게 익숙해진 것이다. 이제는 내가 자기들을

홈리스를 잎에시 설교

사랑한다는 사실을 알기에 "아멘"으로 화답한다. 설교는 말
을 잘한다고 되는 것은 아니다. 아무리 훌륭한 설교를 해도
전하는 자에게 사랑이 없다면 울리는 꽹과리가 될 뿐이다. 세
계의 공통 언어는 영어이지만 설교의 공통 언어는 사랑이다.

  홈리스 목사가 되기 전에는 매일 교회에서 새벽 예배를 인
도하였는데 이제는 새벽에 일어나 커피를 끓이고 빵을 준비
하기에 바쁘다. 그리고 거리에서 홈리스들과 함께 매일 예배
를 드린다. 교회란 건물을 말하는 것이 아니라 그리스도를
'주'로 고백하는 사람들을 말하는 것이기에 그들이 곧 교회
이다. 벽도 없고 지붕도 없는 교회당, 거리가 우리의 교회당
인 셈이다. 사역이 끝난 뒤 자원 봉사자로 돕고 있는 에드워
드 김 목사와 식사를 하면서 내 생각을 나누었다. 히브리서

13장 16절이 생각났다.

"오직 선을 행함과 서로 나눠 주기를 잊지 말
라. 이 같은 제사는 하나님이 기뻐하시느니라."

이 말씀은 언제나 나에게 새로운 힘과 기쁨을 샘솟게 한다.

We Love You

 우리는 매일 아침 7시에 로스앤젤레스 다운
타운의 홈리스들을 찾아가 예배를 드리고 아침
식사를 나눈다. 어제는 몸이 아파서 사역 현장
에 나가지 못했다. 그랬더니 홈리스 중 어눌한 흑인 여자가
내게로 다가와 걱정하는듯 묻더니 이렇게 말했다.

"왜 어제 나오지 않았어요? 우리는 당신이 매일 우리에게
오는 것을 감사해요. 그리고 우리는 당신을 사랑합니다."

그 말을 들으니 눈시울이 뜨거워졌다. 매일 하는 사역이 힘
들고 어느 때는 욕까지 먹지만 그 말을 들으니 피로가 씻은
듯이 풀렸다. 냄새나고 고약한 홈리스들이 가득한 이 현장에
서도 사막에 오아시스가 있어서 해갈을 시켜주듯이 "우리는
당신을 사랑한다."는 말 한 마디가 나를 이토록 행복하게 한
다면 우리들의 격려하는 말 한 마디가 그들에게는 얼마나 힘
이 되는지 새삼 느끼게 해 주었다.

우리는 그동안 사역하였던 장소인 샌 줄리안에서 이사를

하였다. 그곳은 원래 정차 금지(No Stopping) 지역이었다. 그동안 그냥 지나가던 경찰이 오늘은 이곳에서 하는 것은 불법이라고 해서 우리는 그곳을 부득이 떠나야 했다. 아무리 좋은 일을 한다고 해도 법은 지켜야 하기 때문이다.

사실 그동안 더 좋은 장소를 달라고 기도했는데 하나님께서는 그보다 더 좋은 장소인 6가와 7가 사이인 샌 페드로 거리(San Pedro Street)를 우리에게 주셨다. 하나님은 모든 것이 합력하여 선을 이루게 하시는 분이심을 찬양 드렸다. 홈리스들은 우리가 어느 곳으로 옮기든지 찾아 온다. 홈리스들은 우리가 그들을 사랑하는 줄 알고, 또한 우리는 홈리스들이 우리를 사랑하고 있는 것을 안다.

인간에게는 사랑을 따라 움직이는 사랑의 교감이 있다. 말로 다 표현하지 않아도 어제 나오지 못한 나에 대한 그들의 걱정이 있듯이 나 역시 홈리스 한 사람 한 사람에 대한 세밀한 관심과 사랑을 가지고 그들을 만나야 할 것이다.

거리교회 성례전

센터에 입주 한 후 여러 사람들을 초청하여 "거리선교교회 창립 2주년 및 홈리스 재활센터 개원 예배"를 드렸다. 이 건물은 홈리스 재활센터이지만 "거리선교교회"라는 간판을 내걸었다. 왜냐하면 이곳은 재활센터에 앞서 하나님의 교회이기 때문이다. 이곳은 예배를 드리고 성경을 공부하여 새로운 사람들로 변화되는 예수 그리스도의 교회이다.

처음 개척한 밸리 유니온교회가 거리선교교회로 이름이 바뀌었다. 처음 교회를 개척할 때는 일반 신자를 대상으로 모이는 교회였지만 이제는 집 잃은 사람들이 모여서 하나님께 예배하는, 예수 그리스도를 머리로 하는 교회이다.

유니온교회 이정근 목사가 설교해 주었다. 그분은 미국에 온 우리 가족에게 미국을 배우고 정착할 수 있도록 이끌어 주고 내가 유니온 교회에서 음악 목사로 일할 수 있도록 배려해 주었을 뿐만 아니라 밸리 유니온교회를 개척할 수 있도록 힘

껏 도와주었던 분이다. 나는 번착 감격에 싸여 인사말을 전했
다.

"이번에 마련된 이곳은 집 없는 홈리스들의 재활원 기능을
갖춘 교회여서 의미가 더 큽니다. 많은 교회들이 넓고 좋은
예배당을 잘 활용하지 못하고 있는 것 같습니다. 이곳은 비록
좁은 공간이지만 상처받은 영혼들이 치료받고 나가서 더 어
려운 이웃을 돕게 되는 재활 현장이 될 것입니다."

홈리스들은 이곳에서 몇 개월 동안의 사회 적응 기간을 거
쳐야 하기 때문에 그들을 돌보고 훈련시켜야 하는 전임 목회
자가 필요하고 그들이 거처해야 할 집이 필요했다. 이곳이 비
록 홈리스들의 교회이지만, 일반 교회와 똑같이 예배와 교육,
선교, 봉사, 친교가 있다. 다른 점은 교회 안에서 숙식을 하며
훈련을 받는다. 매일 아침에는 새벽 기도회가 있고, 기도 후
에는 다운타운에 나가 봉사와 선교를 한다. 그리고 훈련이 끝
나면 건강한 그리스도인이 되어 세상을 향해 나간다. 이것이
야 말로 바람직한 교회의 새로운 모델이 아니겠는가!

거리의 홈리스들에게 세례를 베풀게 되었다. 문답을 거쳐
세례식과 성찬 예식을 거행하게 되었다. 거리에서 제일 먼저
세례를 받은 사람은 리노와 라벗이다. 리노는 흑인이며 라벗
은 히스페닉이다.

존이 미리 준비해 준 문답집을 가지고 몇 가지를 질문을 한
후 세례를 베풀었다.

"내가 성부 성자와 성령의 이름으로 리노에게 세례를 베푸

노라."

　라벗과 리노의 이름이 하늘나라 생명책에 기록되기를 바라
며 지켜보던 모든 홈리스들이 박수로 그들을 격려하였다.

　후원자 중에 향수가게를 크게 하는 베트남 여자가 있다. 그
가게는 가족들이 모두 나와 일하고 있는데 모두 진실한 크리
스천이었다. 여주인은 자신이 하나님의 축복 속에 산다고 하
면서 홈리스들에게 일 년에 몇 번이나 세례를 주는가를 물었
다. 일 년에 두 번 세례를 베푼다고 했더니 깜짝 놀라면서 그
렇다면 그 기간 안에 죽는 사람은 어떻게 하냐고 하면서 적어
도 두 달에 한 번은 세례를 베풀 것을 부탁했다. 원하는 사람
이 있다면 한 달에 몇 번은 왜 못하겠는가! 홈리스들에게 매
일 세례를 베풀 수 있는 날이 오기를 소원한다.

집 잃은 사람을
위한 가을 콘서트

 우리가 매일 아침 사역하고 있는 곳에서 가까운 거리에 홈리스 전용인 글래디스 공원 (Gladys Park)이 있다. 그 공원에서는 홈리스들이 둘러앉아 장기를 두거나 환담을 나눈다. 공원 가운데는 둥그런 무대도 있고 농구 골대도 있는 아주 평화로운 곳이다. 이곳에서 홈리스들을 위한 콘서트를 열었으면 하는 생각을 자주 했었다. 어떤 생각이든 생각에 머물면 아무런 영향력이 없다. 생각이 들면 기도해야 하고 기도한 후에 믿음으로 실행해야 한다. 애쓰고 힘쓰는 가운데 마침내 10월 24일에 "가을맞이 찬양 콘서트"를 개최할 수 있게 되었다. 내 생각을 신문사에 보냈더니 종교란에 조그마한 기사가 실렸다. 몇 군데서 전화가 걸려 왔는데, 로스앤젤레스에서 네 시간 거리에 떨어진 엘 센트로(El Centro)라는 곳에 사는 폴 킴 선교사라는 분이 돕겠다는 의사를 표해 왔다. 자신이 가지고 있는 야외 앰프를 공원에 설치할 수 있고, N.H.A.E Praise and Worship

이라는 미국 찬양 팀도 함께 올 수 있다고 했다.

찬양팀과 더불어 With Him Body worship, 플루트 독주, 대금 찬양, 테너의 교섭이 끝나고 300개의 의자와 음식을 제공할 교회만 구하면 될 것 같았다. 접는 의자 300개를 마련하는 것이 쉽지 않았다. 그런데 뜻밖에 나성순복음교회 장로 한 분이 전화를 해서 뭐 도울 일이 없겠냐고 물었다. 의자를 말했더니 모든 의자를 운반해 주겠다고 했다. 그리고 점심도 교회에서 준비하겠다고 했다. 할렐루야!

홈리스들을 위한 가을 콘서트 광고지도 만들어 돌리고 프로그램도 만들었다. 선물 준비도 모두 마치고 콘서트가 열리게 되었다. 다운타운 스키드 로우에서는 아마 처음 열리는 야외 음악회일 것이다. 아침 8시에 엘 센트로에서 야외 앰프 설비와 찬양단이 도착하였다. 큰 카고 밴으로 장비가 가득이었다. 장비를 설치하는 시간이 두 시간이 넘게 걸렸다. 홈리스들이 구름처럼 몰려들었다. 찬양이 시작되었다. 앰프 시설은 가히 수준급이었고 찬양 음악도 아주 최고였다.

바디 워십과 플루트 독주, 대금 찬양까지 모든 팀들의 공연이 훌륭했다. 테너 최순식 씨의 멋진 독창에 이어 나의 차례가 되었다. 까만 연주복과 하얀 보타이를 매고 나와 "주 하나님 지으신 모든 세계"를 독창하니 홈리스들의 환호가 대단했다. 여학생의 플루트 독주에서는 일어서서 박수와 환호를 보냈다. 아마 많은 홈리스 가운데 정말 음악을 들을 수 있는 사람들이 모인 것 같았다. 마지막에는 "놀라운 은혜"(Amazing

거리에서의 콘서트 (2002년 가을, LA)

Grace)를 합창했다. 연주가 끝난 후 홈리스들에게 나성순복
음교회에서 준비한 한국 불고기로 점심을 대접하였다.

　이번 "가을 콘서트"는 영적, 심리적으로 병들어 있는 홈리
스들에게 찬양 음악을 통하여 치료하고 사랑을 나누고자 하
는 목적으로 마련된 것이다. 홈리스들은 이런 음악을 들을 수
있는 기회가 거의 없다. 다윗은 음악을 통해 악신을 내쫓았다
고 하는데 홈리스들 안에 있는 악신이 찬양 음악을 통해 떠나
는 역사를 이루어낸 것이다.

도움이 되지 않는도움

오랜만에 연락이 닿은 친구 목사에게서 전화가 왔다. 아주 좋은 물건이 있다는 것이다. 운동화 50박스가 있는데 새것들이고 창고 세일을 하면 최하 5불은 받을 수 있으니 1,000개면 5,000불은 되지 않겠냐고 빨리 와서 가지고 가란다. 신이 나서 존과 프레디와 함께 유홀(U-Hall: 이삿짐 나르는 차)을 빌려서 그곳에 가득 싣고 센터 뒤뜰에 쌓아 두었다.

며칠 후 창고 세일 할 곳을 물색한 후 가까운 교회 주차장을 빌려서 운동화를 풀어놓았다. 교회 학생들을 동원시켜서 분류를 시작하였다. 그런데 이게 웬일인가. 짝 맞는 운동화가 하나도 없었다. 1,000켤레 모두 짝이 맞지 않는 것이다. 비슷한 것끼리 짝을 맞추어 1, 2불에 팔아 400여 불이 모여졌다. 운반비와 식사비, 기타 비용까지 계산하니 남는 돈이 하나도 없었다. 수고한 인건비도 나오질 않았다. 나머지 버릴 운동화를 40여 박스를 만들어 쓰레기를 치우는데도 비용이 많이 들

었다.

화가 머리끝까지 치민 나는 친구 목사에게 어떻게 그런 물건을 줄 수 있냐고 따졌다. 친구는 자신도 그런 물건인지 몰랐고 나를 도우려고 했는데 섭섭하다고 한다. 자초지종을 설명했더니 미안하다는 말을 한다. 정말 황당하고 속상하고 힘든 날이었다. 그 일이 있은 후부터는 물건을 기부한다면 직접 찾아가서 물건을 확인한 후 가지고 온다.

짝 맞지 않는 1,000켤레 운동화의 교훈이 내게 주는 의미는 무엇인가를 생각했다. 흥분하지 말고 침착하라는 것을 말해 준 것 같다. 1,000켤레의 운동화를 준다고 좋아만 할 것이 아니고 가지고 가도 될 것인지 확인하고 침착하게 행동하라는 것을 배운 것 같다.

그 후 겨울철 옷 2,000벌을 모아 준 한인업체가 있었다. 옷을 받아 분류하는데 센터 식구들이 이틀이 꼬박 걸렸지만 입을 만한 옷이 거의 없었다. 미국 사람들은 입지 못할 옷은 버리고 입을 만한 옷들을 세탁해서 기부한다. 우리들은 아직 기부 문화가 정착되지 못해 자신도 입지 못하는 옷을 주는 경우가 많이 있다. 자신들이 입지 못하는 옷은 홈리스들도 입지 못한다는 것을 왜 모르는 것일까. 주님은 속옷을 달라 하는 자에게 겉옷까지 벗어 주라 하였는데 말이다.

담요와 스프

 기후 좋은 로스앤젤레스에도 겨울은 찾아온다. 아무리 따뜻한 곳이라도 겨울은 겨울이다. 영하로 내려가지는 않지만 은근히 추웠고 거리의 바닥은 싸늘했다. 홈리스들의 요와 이불은 종이나 박스 조각이다. 떨어진 낙엽처럼 바닥에서 구겨져 잠을 자는 홈리스들에게 포근하고 따뜻한 담요를 덮어 줄 수만 있다면 얼마나 좋을까 하는 생각이 홈리스 사역을 시작하고 겨울만 돌아오면 나의 간절한 소원이 되었다.

그러던 어느 날 이불마트를 경영하는 김홍수 사장님이 사역 현장으로 찾아왔다. 담요 200장을 거리에서 자고 있는 노숙자들에게 나누어 주려고 하는데 도와줄 수 있느냐고 한다.

"도와주고 말고요!"

눈물 나게 반가웠고 하나님께서 나의 소원을 이루어 주셨다는 기쁨이 밀려왔다. 다음 날 아침에 김 사장은 담요 200장을 차에 싣고 우리 사역 현장에 도착하였다. 이른 아침부터

우리 사역자들은 거리를 다니며 홈리스들에게 담요를 타러 오라고 광고를 했더니 많은 홈리스들이 구름처럼 밀려들었다. 담요는 30분만에 동이 났고 미처 받지 못한 홈리스들이 항의하는 소동이 있었다. 잘못하면 큰 사고가 일어날 지경이었다. 처음 하는 일이라 경험이 없어서 많은 홈리스들을 불러 모은 탓이었다. 그러나 여러 가지 시행 착오에도 불구하고 홈리스들이 추운 겨울에 담요를 덮을 수 있게 된 것은 너무 즐거운 일이었다.

더구나 사랑의 담요 나누기는 한 번으로 그친 것이 아니라 그 후 매년 추수감사절과 성탄절에 이불마트와 우리는 홈리스들에게 담요를 나누어 주게 되었다. 이불마트의 김홍수 사장이 홈리스들에게 담요를 나누어 주기로 결심한 것에는 다음과 같은 간증이 있다.

2002년 롱비치 항에서 파업이 일어나 모든 물건이 롱비치 항에 묶여 있게 되었고 담요 다섯 컨테이너가 그곳에 쌓여 있게 되었다. 담요가 쌓여 있으므로 장사를 할 수 없던 중 다운타운에 나갔다가 겨울철인데도 홈리스들이 거리에서 담요도 덮지 못하고 자는 모습을 보면서 담요를 가장 필요로 하는 사람들이 홈리스들이라는 생각을 하게 되었다.

롱비치 항이 정상적으로 돌아온 뒤 묶여 있었던 담요를 찾게 되었다. 그러나 담요를 팔 수 있는 때를 놓친지라 그 많은 담요를 처리할 수가 없게 되었다. 그때 불현듯 다운타운의 홈리스들이 생각난 것이다. 물론 그 담요는 현찰과 같아서 보관

담요나누기

만 잘하면 언제든지 팔 수 있겠지만 그 일을 계기로 이불마트
에서는 홈리스를 위한 담요를 내놓았다. 이렇게 시작된 담요
모으기는 5년째 계속되고 있다. 수많은 홈리스들에게 겨울철
을 따뜻하게 날 수 있도록 하는 사랑의 담요 모으기 운동은
미국 전역으로 확대되었다.

주님은 우리 마음의 작은 소원도 소홀히 여기지 않으시고
구체적으로 응답해 주신다. 또한 우리가 생각했던 것보다 최
상의 것으로 풍성히 이루어 주신다. 홈리스들이 그 담요를 덮
고 잠을 자고 있는 모습을 보면 가슴이 뭉클해진다. 어렸을
적 이불을 차내고 자고 있는 나에게 포근히 이불을 덮어 주던
아버지처럼 나는 그들에게 이불을 덮어 준다. 주님은 우리의
허다한 죄와 허물을 덮어 주었으니 사랑은 덮어 주는 일로부

터 시작되는 것 같다.

추운 겨울철에는 밤새 길바닥에서 자고 일어난 홈리스들에게 따뜻한 스프를 주고 싶은 마음이 간절하여 스프를 끓인다. 닭을 밤새 끓여 국물을 만들고, 야채와 감자를 썰어 넣어 만든 스프를 가지고 나가면 홈리스들은 마치 생일을 만난 듯 즐거워하며 먹는다. 마켓에서 기증한 음식은 차갑기 때문에 매일 따뜻한 스프를 곁들여 먹게 해 줄 수 있으면 좋으련만….

매주 토요일에는 나성순복음교회, 사랑의 빛 선교교회, 로고스교회, 둘로스교회, 평화의 교회, 오렌지중앙교회 등에서 스프를 끓여서 홈리스들을 대접하기도 하지만 스프를 마련하지 못한 날은 미안한 마음만 가득하다. 우리는 스프 대신 커피와 샌드위치를 주는 것으로 속죄받으려는 듯 친절을 다한다. 그러나 정작 홈리스들은 커피라 할지라도 고마워하며 먹는데도 말이다. 이렇듯 홈리스들을 향한 사랑은 대단하고 엄청난 것으로 다가서는 것이 아니다. 담요 한 장과 스프 한 그릇이면 그리스도의 사랑을 알게 하는데 너무나 충분하고 넉넉하다.

지극히 작은 자 하나에게

 누구나 자기가 하는 일에 의미를 부여하는 것은 숭요하다고 생가한다. 때로 거리에서 사역을 하는 내 자신에 대해 초라함을 느끼기도 한다.

목사라면 수많은 성도들 앞에서 하나님의 말씀을 전하길 원할 것이다. 그리고 자신이 담임하고 있는 교회 신자들 중에 세상에서 내놓아라 할 만한 사람들이 많이 있기를 바랄 것이다. 한국에서 목회할 때는 목사 사택과 승용차, 도서, 판공비, 자녀들의 학비는 물론 양복까지 모두 교회에서 부담해 주었다. 담임 목사를 한 번 대접하는 것을 유일한 기쁨으로 삼는 교인들도 많았고, 명절이 되면 과일과 백화점 상품권이 밀려 들어 올 정도였다.

일 년에 두 번 정도 부흥회를 하면 부흥 강사는 목사님을 존경하고 잘 대접하는 것이 곧 주님께 하는 것이라는 설교를 열심히 한다. 목사님의 차가 이렇게 초라한데 여러분은 좋은

나성순복음교회 식사봉사

차 타고 다니는데 펑크도 안 나는 게 기적이라는 우스개 말을
하면서 설교한다. 교회 건물이 커야 그만큼 존경을 받고 교인
들의 숫자와 1년 헌금의 규모로 목사의 능력을 평가하는 것은
지금도 어쩔 수 없는 목회 현실이다.

  이제는 그런 날들이 모두 지나가고 매일 200여 명씩 몰려
드는 홈리스들의 양식을 준비하는 일에 하루를 보내야 하는
목사가 되었다. 설교를 준비하고 기도를 하기 위해 기도의 골
방이나 책방에서 씨름하는 목사가 아니라 이곳저곳 음식을
구걸하러 다니는 목사이다. 폼 나는 가운을 입고 후드를 걸치
고 멋있고 높은 강단에서 성도들을 내려다 보며 하나님 말씀
을 외치고 성례를 베풀던 목사가 아니다. 많은 성도들의 존경
과 사랑을 한 몸에 받으며 한 번 심방을 하면 마치 예수님이

오신 것처럼 최선을 다해 대접하며 책이라도 사보시라고 주는 돈까지 받아 챙기던 그때 그 시절의 목사는 더더욱 아니다.

이제는 매일 아침 냄새나고 더럽고 불결한 다운타운의 홈리스들이 있는 버림받은 세상에서 따라 부르지도 않는 찬양을 열심히 부르고 귀 기울이지도 않는 하나님 말씀을 열심히 전하는 목사일 뿐이다. 매일 이곳저곳에서 모아 온 음식을 대접해도 감사할 줄도 모르고 욕설까지 퍼붓는 거리 사람들의 목사인 것을 생각하니 내 자신이 너무 초라하게 느껴져 눈물이 핑 돌 때도 있었다.

그럴 때마다 주님이 나에게 주신 말씀이 내 마음에 큰 위로가 되었으며 이 말씀을 붙잡을 때 나도 모르게 힘이 솟는다.

> *"내가 주릴 때에 너희가 먹을 것을 주었고, 목마를 때에 마시게 하였고, 나그네 되었을 때에 영접하였고, 벗었을 때에 옷을 입혔고, 병들었을 때에 돌아보았고, 옥에 갇혔을 때에 와서 보았느니라."*(마태복음 25:35-36)

> *"너희가 여기 내 형제 중에 지극히 작은 자 하나에게 한 것이 곧 내게 한 것이니라."*
> *(마태복음 25:40)*

거리선교회는 다음과 같은 신학적 배경을 가지고 태동하였다.

첫째, 거리는 나의 교구이다.

한국 사람들은 거리에 대한 그릇된 선입견을 가지고 있다. 양반 상놈의 계급이 있던 시절에는 저잣거리는 상놈들만이 출입하는 곳이고 양반은 출입을 금하도록 했다. '거리의 여자' 라고 하면 '몸을 파는 여자' 들을 지칭해서 사용하기도 했다. 우리는 밖에서 음식을 먹으면 비위생적이라 생각을 하며 무례한 행동으로 본다. 그러나 외국의 경우에는 밖에서 음식 먹는 것을 안에서 먹는 것보다 좋아한다.

예수님께서는 이 세상에 오셔서 회당에서도 가르치시고 성전에서도 계셨지만 그의 사역의 많은 부분을 거리에서 사람들을 만나시고 거리에서 그들을 고쳐주셨다. 특히 캘리포니아는 기후의 특성으로 거리 사역이 용이한 점을 감안하여 거리에서 헤매는 사람들에 대한 사역이 중요하다. 거리의 사람들은 교회를 찾아가지 못한다. 그들을 위해서 거리에서 예배를 드리고 성례를 베풀며 절기를 맞이한다. 거리선교회에서는 그동안 부활절, 거리의 크리스마스 등 모든 예배와 집회, 절기를 거리에서 하고 있다.

둘째, 예수님도 홈리스였다.

예수님은 태어나실 때부터 홈리스였다. 태어날 곳이 없어 말구유에서 태어나셨다. 예수님은 집이 없으셔서 스스로 이렇게 말씀하셨다.

> *"여우도 굴이 있고, 새도 깃들 곳이 있지만 인자는 머리 둘 곳이 없다."*

예수님이 홈리스였듯이 우리도 홈리스들이다. 우리의 집은 하늘 나라 영원한 본향이다. 우리는 나그네이다. 나그네 인생을 사는 동안 우리의 집은 영원한 집이 아니다. 우리들은 영원한 내 집에 들어가기까지 잠시 이 세상에 머무는 것이다. 너무 편하고 좋으면 하늘 나라 내 아버지 집에 갈 마음이 없어진다. 그래서 예수님은 말씀하셨다.

> *"가난한 자는 복이 있나니 하나님의 나라가 너희 것임이요."* *(누가복음 6:20)*

세째, 홈리스를 예수님처럼 섬긴다.

예수님이 이 세상에 오셔서 가난한 사람들을 사랑하시고

홈리스 부부와 함께 (텐트를 선물하고 나서)

그들의 필요를 채워 주셨듯이 우리도 예수님이 하신 일을 본받아 가난한 사람들에게 먹을 것과 입을 것과 덮을 것을 제공하며 그들이 다시 설 수 있도록 돕는 일에 최선을 다해야 한다. 이것이 곧 예수님을 닮아 가는 것이라 믿는다.

네째, 구제는 삶의 예배이다.

하나님이 성경을 우리에게 주신 목적이 우리로 온전한 사람을 이루며 선한 일을 하게 함이라고 하셨다. 구제의 행위가 곧 예배의 행위라는 사실을 인식한다.

> *"오직 선을 행함과 서로 나눠주기를 잊지 말라.*
> *이 같은 제사는 하나님이 기뻐하시니라."*
>
> *(히브리서 13: 16)*

이와 같은 성경 신학적 바탕이 없으면 이 사역을 이해하기가 어렵고 지속적으로 하기가 어렵다. 나는 선교회의 목적을 다음과 같이 설정해 보았다.

"거리선교회는 홈리스들에게 하나님의 사랑을 전하고, 하나님의 말씀으로 그들의 삶을 변화시켜 새로운 삶을 살아갈 수 있도록 도와주며, 나아가서 무숙을 근절하는 데 목적을 둔다."

04 잃어버린 사람들

그들이 비록 현재는 이 거리를 헤맬지라도 그들을 낳았을 때 그들의 부모님은 얼마나 기뻐하였겠는가. 그들의 부모에게는 얼마나 소중한 사람이었겠는가? 하나님의 마음을 부모의 마음으로 이해한다면 어렵지 않게 이해할 수 있지 않을까? 홈리스들 한 사람 한 사람이 하나님께는 소중한 사람이다. 그들의 잃어버린 생일을 찾아 주는 일은 그들이 자신이 얼마나 소중한 사람임을 알게 해 주는 일이다. 홈리스의 생일 파티는 비록 마켓에서 케이크를 얻어 오는 작은 일이지만 그들에게는 큰 기쁨을 주는 일이고 우리에게는 행복한 일이다.

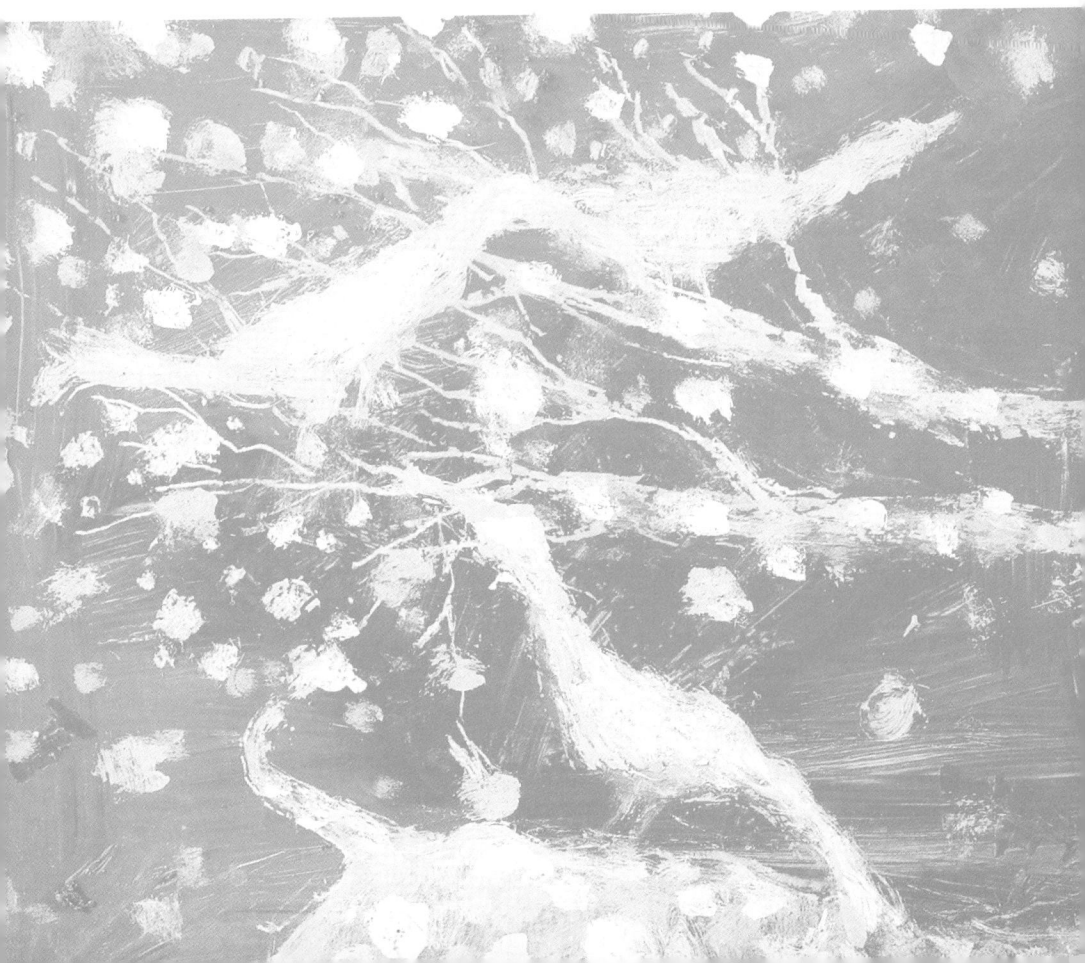

네이다의 새로운 삶

진홍승 군과 노리오기다 양의 결혼식 때 그들이 횸리스 목사에게 주례를 받고 싶다고 해서 일본말도 제대로 못하는 내가 주례를 맡았다. 신부는 일본 여성이었고, 신랑은 한국 남성이었다. 결혼식은 한국말과 일본말로 진행되었다. 풀러신학대학원에서 박사 과정을 할 때 함께 공부하던 일본 태생 한국인 여자 목사에게 일본어 특별 교습을 받았다. 난생 처음 일본말로 결혼식 주례를 한 것이다. 신랑측에서 주례에 감사하다고 사례를 하였다.

이 돈을 어느 곳에 쓰면 뜻있게 쓸 수 있을까 생각했더니 인도계 홈리스 네이다가 떠올랐다. 네이다는 홈리스 중에서 가장 성실하게 우리의 사역을 도왔던 사람이고 재활의 가능성이 큰 홈리스였기 때문이다. 나는 네이다에게 아파트를 얻어 주기로 마음 먹고 코리아타운에 한 아파트를 얻기로 하였다. 결혼 주례 사례비로 한 사람의 홈리스를 구하기로 한 것

네이다와 함께

이다.

아파트 매니저는 마음 좋은 한국 할머니로서 내가 목사라고 밝히니 신용 조사도 않고 아파트 방을 내주었다. 미국에서는 아파트를 얻는데 큰 돈이 필요치 않다. 한 달치 임대료와 또 한 달의 임대료 정도만 지불하면 입주가 가능하지만 반드시 크레디트 체크를 하고 아파트를 빌려 주게 되어 있다. 신용이 불량한 사람들은 아파트를 얻을 수 없다. 그래서 미국에는 홈리스들이 많다. 아파트는 싱글룸으로 방 하나에 부엌과 샤워실은 공동으로 사용해야 했다. 한인타운에서는 외국 사람에게 방을 잘 빌려주지 않지만 목사인 나를 믿고 선뜻 방을 내주었다. 방은 내가 얻지만 내가 살 것이 아니고 홈리스 사역을 돕고 있는 인도 사람이 쓸 것이라고 밝혔지만 쾌히 승락

하였다. 이렇게 네이다의 새로운 보금자리가 마련되었다.

아파트에 입주한 네이다는 마치 어린아이처럼 좋아했다. 새 삶을 찾은 네이다는 우리가 얻어 주는 홈 워크(Home Work)를 성실하게 열심히 하면서 재활의 하루 하루를 쌓아갔다. 그러다가 마침내 정식으로 취직이 되어서 자립적인 생활을 할 수 있게 되었다. 네이다의 취직 소식을 듣는 나의 가슴은 설레었고 눈시울이 뜨거워졌다. 이럴 때가 내 인생에 가장 기쁘고 행복한 때라고 소리 내어 고백하고 싶다.

다음은 네이다가 모 신문사 기자를 만나 나눈 이야기들이다.

> "패스터(pastor) 김은 하나님이 제게 보내주신 천사입니다."
>
> 인도 태생의 홈리스가 길에서 한인 목회자를 만난 후 하나님을 알게 됐다고 고백한다. 또 최근 한인 목회자가 구해 준 방에서 하루에 60여 개의 옷에 고무줄을 넣는 홈 워크를 하면서 잃었던 삶의 의욕도 되찾아 가고 있다.
>
> 인도 상류층 의사 가정에서 태어났다는 인도계 미국인 홈리스 네이다(Nadar)가 만난 한인 목회자는 김수철 목사(거리선교회). 올해 초, 김 목사가 평소처럼 매일 아침 7시면 어김없이 샌

페드로와 6가 모퉁이에서 따끈한 커피와 빵을 나눠 줄 때였다.

"보통 음식을 나눠 주기 시작하면 거리에 웅크리고 앉아 있던 홈리스들이 몰려 오는데 유독 꼼짝 않고 앉아 있기만 한 그가 눈에 띄었지요. 처음에는 말에 대꾸조차 하지 않는 그에게 매일 다가가 말을 건넨 결과 이혼 후 가족이 모두 자신을 버리고 가버려 삶의 의욕을 완전히 잃은 상태이기 때문에 음식조차 원치 않는다는 것을 알게 됐지요."

그대로 두면 아사할 것 같은 상태였다. 김목사 일행은 다른 홈리스들과는 달리 그에게는 전혀 마약이나 알코올, 담배 냄새가 나지 않는다는 것을 알아채고 도와줄 궁리를 했다.

"대부분 홈리스들은 음식을 나눠 줄 때 마약이나 심한 알코올 냄새가 나지요."

네이다를 향한 정성어린 접근으로 네이다 씨는 차츰 마음의 문을 열었다. 그는 20세 때 뉴욕으로 유학하여 그곳 칼리지에서 비즈니스를 전공했고 벨기에 출신의 아내를 맞았다. 그 후 이곳 LA로 와서 아내는 인테리어 디자이너, 네이다 씨는 베벌리 힐스의 한 호텔 매니저로 중상류의 가정을 이뤘다.

그러던 어느날 아무런 이유도 없이 26년 동안 함께 잘 살던 아내가 이혼을 제의했고, 세 아이 (24세, 14세, 13세)와 함께 행방을 감춰 버렸던 것. 이때가 3년 전의 비극이었다. 이유를 묻는 기자의 질문에 그는 "지금도 그 이유를 알 수 없다"며 검고 긴 속눈썹을 적신다.

김목사 일행에게 차츰 마음을 열게 된 그는 어느 날부턴가 커피와 빵을 먹게 됐고, 그 대가로 자신도 홈리스들에게 음식을 나눠 주는 일을 돕기 시작했다.

"홈리스들의 속성이 받을 줄만 아는 것인데 그는 고마움을 알고 뭔가 돌려주려고 하는 것을 보고 재활의 가능성이 있다는 것을 알았습니다."

영어권인 그에게 다운타운에서 홈리스를 상대로 성경을 가르쳐 주는 미국의 거리교회에 나갈 것을 권했더니 순순히 받아들였고 현재 4개월째 배우고 있다.

"저는 힌두교인데 평화를 사랑하는 것은 기독교도 마찬가지였지요. 예수님이 인도 여행을 하며 말씀을 전했다는 이야기를 들었는데 막상 성경 공부를 해 보니 힌두교에서 평화와 사랑을 실천하라는 내용과 기독교의 가르침이 비슷

하다는 것을 발견하고 직접 그 사랑과 평화를 알려준 예수님을 좀더 알고 싶다는 생각에 크리스천이 되기로 결심했지요."

네이다 씨는 올 가을 김목사로부터 세례를 받는다.

"하나님을 알고부터 언젠가 아내와 아이들이 꼭 다시 돌아오리란 희망을 갖게 됐지요."

여전히 아내를 사랑한다는 그는 매일 아침 김목사를 도와 홈리스들에게 아침을 나눠 주고 낮에는 '주름 넣기' 홈워크를 통해 비록 적지만 일당도 번다.

"살아 있어야 가족도 만나게 되지요. 비즈니스인 전공을 살릴 수 있는 일자리도 차츰 찾아볼 계획입니다. 세례를 받은 다음에는 김목사를 도와 저도 홈리스 사역자로 제 2의 인생을 살아볼 결심입니다."

존 굿윈과
프레디 데이빗

거리의 찬양단에 합류한 존 굿윈은 수염을 기른 이태리 사람이다. 키는 약간 작지만 매너가 좋은 중년 남자다. 그가 며칠 동안은 우리의 사역을 돕다가 찬양단 멤버로 참여하고 싶다고 했다. 옷차림이나 말이나 모든 면에서 지극히 정상적인 사람이었지만 그도 홈리스였다. 마약 때문에 직장에서 해고된 후 집을 잃어버리고 차에서 자고 식사는 다운타운에서 얻어먹는 사람이었다. 그는 영어가 아주 유창할 뿐 아니라 고급 영어를 구사했다. 그 같은 사람이 어떻게 홈리스가 되었는지 이해하기가 어려웠다.

그는 태어난 지 4개월 때 고아원에 맡겨져 생부모도 모르고 자라나 6세 되던 해에 미국인 변호사 가정에 입양되었다. 변호사 가정의 좋은 환경에서 자라났지만 19세 때부터 마약에 손을 대기 시작하였다. 그동안 두 번의 파경을 겪으며 길거리에 나온 지 불과 한 달이 안 되었다. 그는 눈물이 많고 정이

센터에서 해리, 프레디, 존과 함께

많은 사람인데 지난날을 참회하며 자기를 거리로 몰았던 마약에서 해방되기를 간절히 바랬다.

때로 사역 후 맥도널드(McDonald)나 데니스(Denny's)에서 함께 아침을 먹을 때면 존은 우리 주머니 사정을 생각해서 제일 싼 것으로 주문한다. 그는 힘들고 어려운 삶을 살아왔지만 항상 명랑하고 뛰어난 언변으로 우리 모두를 늘 즐겁게 해주기도 하였다.

마약으로 인해 죽은 아들 때문에 정신적 충격을 받고 거리에 나오게 된 프레디(Freddie)는 존과 함께 거리에서 텐트 생활을 하다가 우리를 만났다. 프레디를 처음 본 순간 그의 선한 인상에 마음이 들었다.

그는 미 육군 공수부대 출신이며 군에서 복싱 선수 생활을 하다가 용접 기술 반장으로 오랜 기간 정부 공사를 맡아서 했다고 한다. 오클라호마(Oklahoma)에서 살았으며, 마약 중독자였던 아들을 사고로 잃은 후 부인과 이혼을 하게 되었다고 한다. 그 후 LA로 이주하여 홈리스 생활을 하면서 길에서 헤매는 마약 중독자를 돌보고 있었다. 그는 홈리스였지만 여느 홈리스와는 달랐고, 어느 정도의 돈도 가지고 있었다. 남을 위해 양보하며 남을 먼저 생각할 줄 아는 사려 깊은 마음씨를 지녔다. 항상 말이 없고 조용하고 정직하여 깨끗한 마음을 가진 사람이다. 그는 전에는 홈리스였지만 이제는 홈리스들을 섬기는 일에 내 곁에 없어서는 안 되는 중요한 동역자가 되었다. 내가 혹시 먼 곳으로 길을 떠날 때면 프레디는 나의 자리를 빈틈없이 지켜주고 있다.

두 사람으로 시작된
재활센터

존 굿윈과 프레디를 언제까지나 거리에 놔둘 수는 없었다. 네이다처럼 그들에게도 아파트를 얻어 주고 일을 찾아 주고 싶었다. 오랜 기간 구해 보다가 마음에 드는 아파트를 찾게 되었다. 바로 앞이 공원이고 값도 다른 아파트에 비해 괜찮았다. 매니저가 한국 사람이었고, 한국 사람들도 많이 살고 있는 아파트였다. 그러나 내 크레디트로는 아파트를 얻을 수가 없었다. 거리로 나온 홈리스들은 크레디트가 망가진 사람들이었고, 미국 사회에서는 신용이 나쁘면 집을 얻기가 거의 불가능하기 때문이다. 신용 중심의 사회가 많은 사람들을 거리로 내몰고 있다. 거주자가 아닌 다른 사람의 크레디트로는 아파트를 얻지 못한다는 것이며 어느 아파트도 예외는 아니었다. 함께 아파트를 보러 다니다가 실망한 나를 오히려 그들이 위로해 주었다.

그러나 그 일을 멈출 수는 없었다. 그들을 위한 일이기도

했으나 이제 거리선교회도 사무실이 필요하고 음식을 만들고 커피를 끓이는 장소가 절실히 필요했다. 아파트는 아무래도 안 되겠고 이곳에서 발행되는 신문을 보니 코리아타운 쪽에 2층 단독주택이 나와 있어 방문을 해 보니 아주 깨끗하게 수리가 잘된 집이었다. 임대료는 비쌌지만 아파트에 비하면 그리 높은 가격은 아니었다. 그래도 현재로서는 그렇게 많은 임대료를 감당하기가 쉽지 않았다. 그럼에도 불구하고 집을 얻기로 하고 계약금을 치른 후 존과 프레디를 데리고 집에 찾아갔다. 주인은 두 사람을 보더니 내색은 않했지만 싫은 표정이 역력히 들어났다. 결국 해약을 당하고 말았다.

한국 사람들은 외국인에게 집 빌려주기를 꺼려한다. 물론 한국 사람들이 집을 깨끗이 쓰고 임대료도 잘 내는데도 불구하고 계약의 단계까지 갔다가 외국 사람이 들어와 산다면 집을 내줄 수가 없다고 한다. 그래서 계약금을 돌려받기를 몇 번, 어려운 과정을 거쳐서 마침내 우리의 쉘터를 얻게 되었다.

내가 기도하기는 하나님께서 다운타운과 한인타운 중간쯤에 쉘터를 주시는 것인데 그 기도가 정확히 응답되었다. 그러나 그 집도 들어가기는 쉽지 않았다. 그 집은 2층 하우스로 큰 길가에 있었다. 신문을 보고 찾아갔더니 한인 아줌마가 나와 맞았다. 앞으로 선교회 사무실과 두 사람이 상주할 것이라고 이야기하고는 계약을 했다.

다음 날 그들을 데리고 들어가니 주인이 깜짝 놀라며 미리 외국인이 산다는 말을 안 했냐고 생트집이다. 결국 한 달만 사

용하고 나갈 것을 타협했지만 주인은 흥분을 가라앉히고 생각을 하더니 이번엔 아예 뒷방까지 얻으라는 것이었다. 흑인이 들어오면 세 놓기가 어렵다는 것이다. 말을 주고받는 동안 존과 프레디는 우리의 대화를 알아들었다는듯이 '나는 미국 시민'이라며 분을 삭이고 있었다. 들어오지 않고 가려는 그들을 붙잡아 설득해서 겨우 집에 들였다. 그들은 미국 시민이면서 미국으로 이민 온 한인들에게 역차별을 당하니 그럴 만도 했다.

2002년 9월 15일 결국 우리 세 사람은 입주에 성공하였다. 목사에게 있어서 가장 기쁠 때는 성전을 건축하고 입당할 때가 아닌가 한다. 그러나 나에게는 센터에 입주하는 기쁨도 그에 못지 않았다. 우리에게 터전이 생겼기 때문이다. 꿈의 첫 단계가 이루어진 것이다. 존과 프레디가 재활센터에 입주를 하고 프레디의 60세 생일을 맞이하였다. 우리는 입주를 축하하는 파티를 겸해서 프레디의 60세 생일을 축하해 주었다.

센터에서는 매일 6시에 새벽 기도를 시작하였다. 내가 센터에 도착하면 존과 프레디가 기다리고 있다. 우리 세 사람은 찬양을 한 후 말씀을 읽고 기도를 한다. 이제 쉘터를 운영하려면 비용도 많이 들겠으므로 많은 후원자들이 생겨나기를 기도하며 특별히 존이 마약에서 완전히 해방될 수 있도록 기도한다. 그는 현재 마약을 하지 않고 있지만 언제 유혹에 빠질지 모르기 때문이다. 센터 앞에는 마약 딜러들이 항상 손님을 기다리고 있다. 미국은 마약을 구하기가 담배 사기보다 쉽다. "기도 외에는 이런 유가 나갈 수 없다."고 하신 말씀을 생각하며 그를 위해 간절히 기도한다.

프레디는 앞으로 거리선교회 재활센터가 아주 커지기를 기도한다. 그래서 미국에서 집을 잃고 방황하는 많은 홈리스들이 이곳에 와 새롭게 변화되어 건강한 사회인으로 복귀될 수 있기를 기도한다. 그리고 홈리스 사역에 성령의 기름 부음이 있기를 간절히 기도한다.

우리는 기도회를 마치고 준비한 뜨거운 커피를 싣고 랄프스 마켓과 스타벅스 커피점으로 향한다. 그곳에서 내주는 음식을 차에 싣고 다운타운 홈리스 사역 현장으로 향한다. 두 사람으로 시작된 재활센터는 그 후 프레디의 기도대로 큰 집으로 이전하게 되었으며, 수많은 홈리스들이 센터에 와서 건강한 사회인으로 복귀되었고 지금도 이 사역은 계속 진행되고 있다.

엘리자벳의
Amazing Grace

우리가 매일 하는 찬송 중 "Amazing Grace"가 있다. 특별히 홈리스들이 좋아하는 찬송이다. 그런데 이 찬송만 하면 눈물을 흘리는 홈리스가 있다. 은혜를 받아서 그런 줄 알았더니 할아버지 생각이 나서란다. 그 할아버지가 '자신이 홈리스가 된 것을 알면 얼마나 마음이 아프겠나' 해서란다.

마켓에서 음식이 늦게 나와서 사역 현장에 늦게 갈 때는 예배를 드리지 않고 바로 아침을 배식할 때가 있었다. 예배를 드리지 않으면 그들이 좋아할 줄 알았는데 오히려 왜 "Amazing Grace"는 하지 않냐고 해서 비가 오거나 사정상 늦더라도 꼭 찬송을 부르고 배식한다. 설교를 좋아하지 않는 홈리스들도 찬송은 좋아하는 것 같다. 찬송은 사람의 마음을 변화시키고 영혼이 죄의 사슬에 묶인 사람들을 자유케 하는 능력이 있으므로 우리는 찬송을 힘차게 부른다.

홈리스 사역에도 리더가 있다. 몇 사람의 리더를 세우면 사

역에 좋은 효과가 있다. 그 중에 엘리자벳이라는 키 큰 여자
가 있다. 일을 아주 깔끔하게 잘한다. 그녀는 자신은 과거에
창녀였다고 말했고 지금은 은퇴를 했단다. 그러면서 "나 같은
죄인을 살리신 그 은혜"가 고맙다고 했다. 주님의 깊은 은혜
를 마음으로 감사하며 간직한 그녀는 에이즈 음성 환자라는
말을 했다. 홈리스들 중에는 고치기 어려운 병으로 고생하다
가 거리로 나온 사람들이 참 많다. 엘리자벳도 그들 중의 한
사람이지만 그녀는 늘 명랑하고 우리 사역도 잘 도와준다. 엘
리자벳을 보면 예수님을 만난 막달라 마리아가 생각난다. 비
록 이려운 병에서 고생하지만 그의 삶이 막달라 마리아처럼
예수를 만난 뒤 기쁨이 넘치는 삶이 되었으면 정말 좋겠다.

그들에게도
축복된 생일이 있다

 홈리스라고 모두 거리에서 생활하는 것은
아니다. 특별히 여자들과 아이들은 우선적으
로 쉘터에서 생활하도록 해 준다. 그래서 로
스앤젤레스 다운타운의 쉘터 중에서도 유니온 레스큐 미션
(Union Rescue Mission)에서는 여자들과 아이들이 많이 수
용되어 있다. 그들 중에서도 이른 아침에 우리에게로 오는 사
람들이 있다.

커피를 먹고 싶어서인지 우리가 주는 음식이 마음에 들어
서인지 잘 모르겠지만 여자들 여럿이 우리가 음식을 주는 곳
으로 와서 조용히 줄을 선다. 그리고 먹을 것을 받아서 다시
그들의 생활 터전인 미션으로 돌아가기도 한다.

우리가 음식을 가져오는 랄프스 마켓에서는 케이크가 많이
나오고 있었다. 이전도사는 내게 홈리스 생일을 조사해서 생
일을 축하해 주는 것이 어떻겠냐고 했다. 나는 아주 좋은 생
각이라고 여겨서 그들의 생일을 조사하기로 했다. 음식을 가

지고 가면서 이름을 쓰고 생일을 적도록 했다. 그러나 그들이 적은 글들은 도저히 글씨를 알아볼 수가 없었다.

우리 팀에는 몇 사람의 홈리스들이 우리의 사역을 돕고 있었다. 그들의 도움을 받아서 간신히 생일 명단을 작성했지만 마음이 안 놓여서 하루 전에 생일을 말해 주면 우리가 생일을 축하해 주기로 했다. 그날부터 랄프스 마켓에서 나오는 케이크로 생일 축하를 해 주고 축복해 주었다. 생일 축하를 받는 홈리스들 눈에 한결같이 눈물이 맺혔다.

홈리스들에게도 생일은 있다. 그러나 누가 그들의 생일을 기억하고 축하해 주겠는가. 그들이 비록 현재는 이 거리를 헤맬지라도 그들을 낳았을 때 그들의 부모들은 얼마나 기뻐하였겠는가. 그들의 부모에게는 얼마나 소중한 사람이었겠는가. 하나님의 마음을 부모의 마음으로 이해한다면 어렵지 않게 이해할 수 있지 않을까? 홈리스들 한 사람 한 사람이 하나님께는 소중한 사람들이다. 그들의 잃어버린 생일을 찾아주는 일은 그들 자신이 얼마나 소중한 사람임을 알게 해 주는 일이다. 홈리스의 생일 파티는 비록 마켓에서 케이크를 얻어오는 작은 일에서 시작되었지만 그들에게 큰 기쁨을 주는 일이고 우리에게도 행복한 일이다.

사랑으로 제압한 귀신들린 홈리스

 홈리스들과 매일 아침 7시에 6가와 7가 사이의 샌 페드로 거리에서 예배를 드릴 때 가끔씩 귀신들린 홈리스들이 찾아온다. 홈리스들의 대부분이 정신 질환이 있지만 오랜 목회 경험에 의해 귀신들린 사람은 알아볼 수 있다. 특별히 이들은 찬송을 부를 때 소리를 지르거나 소란을 피운다. 그럴 때 조용히 가서 기도를 해 준다.

"예수의 이름으로 명하노니 거기서 나와라."

그날도 찬양을 하고 있는데 귀신들린 홈리스가 갑자기 내게 달려 들더니 마이크를 빼앗으려 한다. 네이다가 이 사람을 제지하려 하였지만 때는 늦었다. 이미 나에게 달려든 것이다. 갑자기 아찔했지만 정신을 차렸다. 나도 모르게 홈리스를 한 손으로 안았다. 그랬더니 그 홈리스는 내 품에 안식하듯 기대더니 갑자기 내 뺨에 입을 맞추고 있지 않는가. 나는 침착한 마음으로 그를 안아 주었다. 하나님께서 그를 사랑하는 마음

은혜 받는 홈리스들

을 주신 것이다. 불쌍한 흑인 홈리스는 잠시라도 따뜻한 품이 그리웠던지 내 어깨에 기대었다. 그런데 놀랍게도 그 어려운 찬양 가사를 모두 외워서 중얼거리고 있지 않는가. 내 품에 안긴 그는 잠시라도 행복하게 안식을 취한듯 했다. 찬양이 끝난 후 홈리스들이 박수를 쳤다. 위기를 잘 모면한 것은 하나님이 주신 사랑의 마음인 것이라고 생각했다.

사랑만이 귀신의 역사를 이기게 한다. 귀신이 가장 무서워하는 것은 그 어떤 능력보다도 사랑하는 마음이다.

키스 세례

 홈리스 사역 현장에 때로 외부에서 사람들이라도 오면 홈리스들의 추한 모습을 보이기가 싫다. 봉사자로만 오는 것이 아니고 때로 다른 목적으로 오는 사람들도 있기 때문이다. 홈리스들은 그들의 모습을 외부 사람에게 보이는 것을 싫어하지만 그 중에 사진 찍히는 것을 제일 싫어한다.

때로 음식을 받으려고 줄을 서는 홈리스들이 서로 싸우는 일들이 많다. 이곳에서도 흑백간의 갈등이 심하다. 흑인들이 백인들을 미워하는 경우가 많다. 백인들의 숫자가 적으니까 흑인들에게 당하는 경우도 있다. 특히 못된 여자들이 찾아와 분위기를 흐리기도 한다. 남자보다 여자들이 더 어려움을 준다.

한번은 흑인끼리 말다툼을 벌이다가 머쓱해진 한 흑인 여자가 음식을 받아가면서 미안한지 갑자기 내 뺨에 입을 맞추었다. 당황되었지만 애써 태연한 척했다. 여하튼 흑인 여자에게 처음 받아보는 사랑의 표시였다.

가끔 새치기하는 홈리스들이 유난히 많았다. 애교로 보아 줄 수 있지만 질서상의 문제로 엄하게 다룬다. 어느 날 처음 보는 여성 홈리스가 살짝 새치기를 했다. 못하게 했더니 내게 달려들었다. 그렇게 심하게 덤벼드는 홈리스는 처음 있는 일이라서 당황되었다. 결국 우리에게 심한 욕을 하고 돌아갔다. 생각해 보니 그렇게 심하게 하는 날은 분명 마약을 하고 오는 날 같았다. 평시에는 얌전한 사람이 돌변하는 경우를 보는데 이유가 있는 것 같다. 홈리스들도 상당히 예의가 있는 사람들이 많은 반면 막무가내인 사람들도 많다. 그러나 여러 번 이곳에 오면 순한 양같이 얌전해진다. 그 홈리스도 시간이 지나면 순한 양같이 변할 것을 믿는다.

재기하여 후원자가 된
한인 여성 홈리스

동양선교교회에서 전화가 왔다. 한인 여성 홈리스가 있는데 그곳에서 받아줄 수 있냐는 것이다. 그렇지 않아도 우리 재활센터가 한인들의 후원금으로 운영되는 기관인데 미국인들만 입주시켜 한인들에게도 도움을 주어야겠다는 생각을 하고 있던 때에 연락이 온 것이다.

김찬숙 씨는 미국 알라바마 주에서 왔다. 그곳에서 미국 남자와 살다가 이혼하고 이곳 한인타운으로 와 가정부로 전전하다가 교통사고를 당해 홈리스가 되었다. 나중에 보상금이 나오겠지만 오래 걸리기 때문에 일도 할 수 없고 아는 사람도 없어 동양선교교회 철야기도팀에 섞여 2개월이나 그곳에서 생활하다가 재활센터로 오게 되었다.

한인 여성 홈리스들이 다운타운에도 몇 명 있지만 일단 밖으로 돌아다니면 재활이 어렵다. 그러나 그녀는 홈리스가 된 후 교회에서 생활하다가 센터로 바로 왔기 때문에 재활 가능성이 높다.

　이런저런 사정으로 오갈 데 없는 사람들을 몇 달만이라도 거처할 수 있도록 도와주면 건강한 사회인으로 복귀할 수 있기 때문에 재활센터는 꼭 필요하다. 그녀는 거리선교회 재활센터가 생긴 이래 처음으로 도움 받은 여성이 되었다. 물론 이런 여성을 돕는 미국 쉘터들이 있지만 거의가 흑인들이 거주하므로 한인 여성이 생활하기는 어려운 점들이 많다.

　그녀는 센터에서 성실하고 근면하게 잘 적응하며 사회로 복귀될 수 있는 훈련을 쌓아 갔다. 드디어 김찬숙 씨는 가정도우미로 취직되어 나갔다. 그녀는 이곳에 있을 때 취직이 되면 자신도 홈리스 사역의 후원자가 되겠노라고 입버릇처럼 말하곤 했다. 그런데 어느 날 100불 수표와 한 통의 편지가 날아왔다. 이곳에 있을 때 그녀가 한 약속을 지킨 것이다. 그것은 추수감사절에 내가 받은 가장 귀한 선물이었다.

거리의 크리스마스

 올해의 성탄절에도 많은 사람들이 시설 좋은 예배당에서 훌륭한 성가대의 찬양과 설교를 들으면서 멋있는 이웃들과 함께 예수를 맞으려 할 것이다. 그러나 정작 주인공인 예수는 밖에서 떨고 있을지 모른다. 그래서 우리는 "거리의 크리스마스"라는 주제로 글래디스 공원에서 홈리스들을 위한 크리스마스 찬양 축제를 열었다.

예수는 길거리나 다름없는 말구유에서 탄생하셨다. 인간을 구원하기 위해 스스로 낮아지기 위해서이다. 그래서 특별히 성탄절이 되면 더욱 자신을 겸허하게 낮추고 어려운 이웃을 돌보아야 할 것이다.

홈리스들은 대부분 거리에서 자고 생활하기 때문에 몸과 옷이 더럽다. 거리에서 생활하는 그들을 위해 거리에서 드리는 예배가 필요하고, 거리의 크리스마스 예배가 필요하다. 일반 교회는 너무 깨끗하고 문턱이 높아서 더러운 홈리스들이

거리에서의 크리스마스 찬양예배

가까이 할 수가 없다.

인종 차별이 심했던 때 동부에서 있었던 일이다. 눈이 오는 추운 겨울 어느 날 흑인이 여행 중 백인들만 모이는 교회인줄 모르고 어느 교회를 방문했다가 밖으로 쫓겨났다고 한다. 흑인은 추운 겨울 밖에서 덜덜 떨면서 하나님의 교회에서 마저 인종 차별을 당한 것에 대한 분함으로 눈물을 흘리고 있었는데 예수님이 그에게 나타나셔서 그를 위로하셨다.

"너무 슬퍼 하지 마라. 나도 쫓겨났단다."

일반 교회는 홈리스들이 감히 가기가 어려워 그들이 모이는 거리의 교회가 필요하다. 그래서 거리에서 예배도 드리고, 거리에서 음식도 나누고, 거리에서 성탄 예배도 드리는 것이다. 예수님께서 비천한 인간의 몸을 입고 이 세상에 오셔서

거리나 다름없는 마굿간에서 태어나신 날이 성탄절이라면 냄새나고 더러운 거리의 사람들에게로 찾아가는 것이 성탄의 참뜻일 것이다.

　많은 사람들은 교회당에서 찬송하고 기도할 때 예수님을 만나리라 생각한다. 그러나 예수는 기도하고 찬송할 때만 만나지는 것이 아니라 가난하고 소외된 사람들을 만날 때 더 가까이 만날 수 있다. 예수가 바로 그들 속에 계시기 때문이다. 그래서 나는 매일 아침 다운타운의 홈리스 현장에서 예수를 만나고 있다.

　예수님이 낮고 천한 인간을 찾았듯이 우리도 거리의 사람들을 찾아가서 그들의 손이라도 한 번 잡아 주면서 성탄절을 보내면 어떨까?

사역의 첫 열매 존 굿윈

마침내 존이 마약에서 해방되었다. 센터에 들어온지 1년만에 AA 중독 학교를 졸업하게 되었다. 중독 학교는 소변 검사를 통해 1년간 마약을 하지 않은 학생들에게만 졸업장을 주기 때문이다. 물론 존이 마약의 유혹에서 완전히 해방된 것은 아니다. 언제나 마약은 그를 넘어뜨릴 수 있다. 미국에서 마약은 초등학교에서조차 쉽게 구할 수 있을 정도로 미국의 청소년들은 마약의 위험에 노출되어 있다. 마약은 그 누구도 홈리스로 만들 수 있는 강력한 힘을 갖고 있다. 마약에 한 번 걸려들면 그 누구도 빠져 나오기가 쉽지 않다.

우리를 만나기 전 존은 마약 중독자였다. 마약은 결국 그를 홈리스로 만들었다. 그는 크리스천이었으며, 좋은 직장도 다녔다. 마약은 그를 두 번이나 이혼하게 만들었고, 직장을 잃게 했으며 결국 거리로 나오게 만들었다.

크리스천이라고 마약 중독자가 되지 않는 것은 아니다. 그

재활에 성공한 존이 한국 학생들에게 영어를 지도하고 있다

러나 그가 크리스천이었으므로 거리 사역자들을 만날 수 있었고, 재활의 의지가 있었으므로 센터에 들어와 홈리스 사역을 함께 할 수 있었으며, 중독자 학교를 졸업할 수 있었을 것이다.

존은 자존심이 강하고 성질이 급했고 못된 면도 있었지만 곧 회개하고 뉘우치는 좋은 점을 가지고 있다. 여러 번의 취직 기회가 있었지만 아마도 마약 중독자였기 때문에 취직하기 어려웠던 것이 아닌가 한다. 미국인들은 자신이 마약 중독자였다는 것을 숨기지 않는다. 숨기지 않는다고 마약 중독자라는 과거가 덮어지는 것은 아니다. 그가 뼈아픈 경험을 통해 하나님이 그에게 다시 한 번 기회를 주신 것이라 생각하면서 센터를 떠났다.

그는 센터를 떠나며 우리에게 기도를 부탁했다. 다시는 그런 유혹에 빠져 인생을 허비하지 않기를…. 우리는 1년 동안 하루도 빠짐없이 거리에 나가서 홈리스들에게 아침 식사를 나누어 주며 그들의 모습을 통해 지난날 비참했던 자신의 모습이 생각나 눈물을 흘렸던 그가 다시는 과거로 돌아가지 않게 되기를 진심으로 기도했다.

그 후 2년이 지난 어느 날 매니저 프레디가 한국 신문 하나를 들고 와서 존 굿윈의 기사가 나왔다고 신바람이 났다. 한인타운의 ECC라는 학원 북클럽 3학년반 어린이들이 존 굿윈의 독서 지도를 받으며 책 읽기에 몰두하고 있는 광경이 신문에 나와 있는 것이 아닌가. 신문에 나와 있는 존 굿윈의 모습을 보는 순간 눈물이 핑 돌았다. 우리는 그가 재활에 완전히 성공한 것이 한없이 자랑스럽고 또 감사했다. 주님의 사랑은 마약보다 더 끈질기고 강하다. 그는 나의 사역의 보람이요, 첫 열매가 되었다.

짧은 기간만
도와 주면
되는데…

아파트 매니저라는 한인에게서 전화가
왔다. 전화를 받고 가 보니 50대 후반의 아
주 교양 있게 생긴 분이 아파트 주위에서
배회하고 있었다. 그녀는 그동안 정들어 살던 아파트에서 쫓
겨난 것이다. 그녀가 못내 떠나지 못하고 배회하는 아파트에
올라가 보니 문 앞에 접근 금지 경고장이 붙어 있었다.

김영자 씨는 서울의 유수한 여자 대학의 식품영양과를 나
와 이민 와서 메릴랜드(Maryland)의 직장에 10년 이상을 근
무하며 성실히 생활했으나 남편에게 버림받아 이혼을 당했
다. 그 일로 심한 충격을 받아 정신적인 문제가 생긴 것이다.
그녀의 이웃들은 그 아주머니는 정신이 온전치 않아 아파트
에서 고의적으로 쫓아냈다고 한다.

매니저는 아파트 측에서는 법적인 절차를 밟았기 때문에
문제가 없다고 했다. 3년 전 현재의 아파트에 혼자 살면서 한
번도 집세 날짜를 어겨본 적이 없었으나 매니저가 고의적으

로 아파트비를 받지 않고 집세를 내지 않았다고 법원에 신고
하였다. 법원은 김영자 씨의 사정을 듣기 위해 출두명령을 보
냈으나 주인에게 독촉장이 온 것으로 잘못 알고 주인에게 아
파트 세를 직접 보낸 것이다. 결국 영어로 적힌 명령서를 잘
못 이해하고 법원에 출두를 하지 않아 법원에서 퇴거 명령이
날아왔다. 그러니까 아파트비를 내고도 아파트에서 쫓겨난
셈이며, 영어에 대한 무지와 정신적인 장애로 이렇게 어렵고
난감한 일이 생긴 것이다.

그녀는 아파트에서 쫓겨나 길에서 사흘을 유리하였다.
L.A.에 남동생과 여동생들이 있다고 하여 알아보았지만 허사
였다. 그들은 그녀 돌보기를 거절하였다. 아무리 정신적인 장
애가 있다 하더라도 그녀를 임시라도 재활센터에 머물게 해
야 되겠다고 생각되어 그녀를 데리고 왔다. 김영자 씨는 남편
과 가족 누구에게도 버림 받은 여인이다. 만약 거리선교회 재
활센터에 데려오지 않았다면 계속 홈리스로 거리를 방황할
수밖에 없었을 것이다.

그녀는 일년 내내 우리에게 골칫거리였다. 정신이 온전치
않기 때문에 그를 섬기는 것은 쉽지 않았다. 정신에 문제가
있는 사람처럼 불쌍한 사람은 없다. 참으로 돕기가 어렵기 때
문이다. 차라리 신체 장애자를 돕는 것이 쉬울 것 같다. 잠시
머물게 하려는 마음에서 데려왔지만 그녀가 다시 다른 아파
트로 정상적인 입주가 될 때까지 돕는 데는 꼬박 일 년이 걸
렸다.

그 한 사람에게 센터 식구들과 내가 소비한 시간과 수고가 결코 헛되지 않기를 소망한다. 그러나 그것이 비록 사람들이 보기에 헛된 수고로 끝난 일이라 할지라도 누구도 하려 하지 않고 보람도 없고 인정 받지도 못하는 그 일을 한 것은 그것이 주님이 가장 원하시는 일이기 때문이다.

세상에는 누군가의 도움이 절실히 필요한 사람들이 많다. 그렇다면 그들을 도와야 할 사람들도 있어야 한다. 도움을 요청하는 사람은 많은데 그들을 도와줄 사람은 그리 많지 않다. 그들과 어려운 고비만 함께 넘겨주면 되는데 말이다. 그 짧은 기간만 곁에서 도와주면 되는데….

배신을 뛰어 넘는
한결 같은 사랑

04

잃
어
버
린
사
람
들

새크라멘토의 미스터 송이라는 사람에게서
전화가 왔다. 홈리스가 될 처지에 있다면서 재
활센터에 머물 수 있겠냐는 전화였다. 저녁 늦
은 시간에 만난 미스터 송은 상상을 초월할 거구였다. 움직이
는 것조차 힘든 사람이었다. 음식점에 가서 저녁을 대접하며
이야기를 들으니 사업을 하여 많은 돈을 벌었지만 노름에 중
독이 되어 결국 빈털털이가 되었다는 것이다. 측은한 생각이
들어 센터 입주를 허락하였다.

그는 매일 아침 우리와 함께 다운타운의 홈리스들에게 찾
아가 예배를 드리며 아침 식사를 나누는 일에 동참하였다. 그
리고 유창한 영어로 홈리스들에게 자신의 과거를 들려주며
방탕했던 지난 일들을 회개하며 새롭게 살겠다는 각오로 간
증을 하기도 했다.

그가 재활센터에서 한인 중 영어 배우기 원하는 사람들에
게 영어를 가르치고 싶다고 해서 로스앤젤레스에 거주하는

한인들이 보는 벼룩시장에 광고를 내었다. 영어를 배우기 위해 찾아온 사람 중 오사장이라는 분이 있었는데 알고 보니 언젠가 우리 사역 장소를 지나가다가 헌금을 했던 사람이었다. 오사장은 센터에서 미스터 송에게 영어를 배우다가 함께 기도원에도 다니고 하더니 미스터 송을 자신의 회사 마케팅 담당으로 취직을 시켰다.

오사장은 아주 신앙이 좋고 성실한 사람이어서 미스터 송이 오사장 회사에서 일하게 되어 잘되었다는 생각을 하면서도 아직은 너무 이르다는 생각을 하였다. 그동안 미스터 송이 센터에서 생활하는 것을 보니 아직은 정상적인 사회 생활을 하는 것이 이르다고 판단되었기 때문이었다. 나는 오사장에게 나의 의견을 말하면서 매사에 조심하는 것이 필요하다고 했다. 오사장은 자신도 과거에 술을 많이 마셔 본 경험이 있지만 믿음으로 잘못된 지난 날을 청산할 수 있었다면서 아마 미스터 송도 그렇게 할 수 있을 것이라고 기대하는 말을 하였다.

그러나 나의 예측대로 미스터 송이 오사장 회사에 취직을 한 뒤 한 달이 못가서 사고가 생겼다. 미스터 송이 회사 크레디트 카드를 마구 사용하고 회사에 들어오지 않는다는 것이었다. 오사장은 곧 카드를 정지시켰지만 신고가 제대로 되지 않아 많은 돈을 이미 쓰고 난 뒤였다. 며칠 뒤에는 타이어 가게에서 미스터 송을 찾는 전화가 왔다. 타이어 네 개를 새 것으로 갈아 끼우고 나서 지갑을 안 가지고 왔으니 잠시만 기다

려 달라고 한 뒤 소식이 없다는 것이었다. 왜 외상을 주었냐고 물으니 목사님과 같이 온 사람이어서 의심 없이 타이어를 갈아 주었으며, 이미 새로 교환한 상태에서 지갑을 두고 왔다는데 타이어를 다시 뺄 수 없어서 그렇게 하라고 했다는 것이다.

미스터 송은 영어를 유창하게 할 뿐 아니라 목소리도 좋고 덩치가 워낙 커서 사기치는 사람으로 보이지 않는다는 것이 그를 본 사람들의 한결 같은 말이다. 그런 사람을 더욱 조심해야 한다고 했지만 미스터 송을 믿었던 사람들만 나무랄 수 없었나. 예수 믿는 사람들은 신앙이 좋은 척하면 다 좋은 줄 알지만 실은 그렇지 않은 일들이 많다. 하나님을 앞세우는 사람들이 더 비윤리적인 행동을 하는 일이 있기 때문이다. 결국 미스터 송은 오사장 회사에서 가지고 나온 크레디트 카드를 술집에서까지 마구 남발하여 현금까지 빌리고 나서 타이어집에서는 타이어까지 새 것으로 갈고 도주하였다.

한 가지 재미있는 사실은 한인 홈리스들은 거의가 영어를 잘한다는 것이다. 영어를 못한다고 미국에서 살기 어려운 것은 아니다. 진실하기만 하면 미국에서 얼마든지 잘 살 수 있다. 미스터 송은 좋은 목소리와 영어도 잘했지만 진실하지 못한 것으로 인해 결국 남에게 피해를 주었다. 미국에서 잘사는 것은 영어를 잘하고 못함에 있지 않고 사람 됨됨이에 있다는 것을 다시 한 번 경험했다. 미스터 송을 믿고 다시 설 수 있도록 도왔지만 결국 피해를 보게 된 오 사장에게 참으로 미안한

마음을 금할 길 없었다. 홈리스에게 배신을 당해 여러 가지 어려움과 손해를 보았지만 오사장의 홈리스를 향한 사랑은 한결같았다.

　오사장은 그 후 우리가 재활센터를 새로 구입한 후에 센터를 리모델링하는 일을 도와주었으며 싱크대를 회사에서 직접 제작하여 주방을 새롭게 꾸미는 일을 도와주었다.

성탄절에 온 손님

04

잃어버린 사람들

성탄절 아침에 얼굴이 핼쑥한 한 남자가 센터에 찾아왔다. 재활센터에 거주할 수 있느냐고 조심스럽게 묻는 그는 폐암 말기 환자로 죽음을 눈 앞에 둔 사람이었다. 1946년생인 최씨는 한국의 대학에서 경영학과를 졸업하고 결혼 후 미국으로 왔다. 처가 쪽이 대부분 미국에 살기 때문에 미국으로 이주하였지만 부인과 불화로 이혼하게 되었다.

아내와 헤어진지 17년! 혼자 외롭게 살면서 청소, 택시 기사 등 안 해 본 일 없이 힘들게 살아오던 중 폐암 말기라는 청천벽력 같은 선고를 받게 되었다. 병원에서 나와 친구집을 전전하다가 재활센터에 들어오게 되었다. 그는 나같은 사람을 이렇게 따뜻하게 맞아 주는 이런 곳이 있느냐며 감격해 했다.

그는 가족들에게는 면목은 없지만 얼마 남지 않은 시간 자식들을 한 번 만나고 싶다고 그리움을 토로했다. 나는 어떻게 해서든지 그가 가족을 만날 수 있게 해 주고 싶었다. 이러한

167

사실을 신문사에 말했더니 신문사에서 기사를 실어 주었다.

일간 신문에 그의 기사가 나가자마자 곧바로 휴스턴에서 전화가 왔다. 그의 부인이었다. 아내와 통화하는 그는 통한의 눈물을 흘렸다.

"왜 바보 같이 혼자 살았냐? 나는 당신이 재혼해서 잘 살고 있는 줄 알고 일부러 전화도 하지 않았고 찾지도 않았는데."

서로의 오해 속에 헤어져 각각 홀로 살아온 17년 동안의 그리움과 사랑이 봇물 터진 물처럼 그들의 가슴을 쓸어내리고 있었다. 얼마 후 세 명의 자녀가 아버지를 만나기 위해 휴스턴에서 날아왔다. 가족과 감격적인 재회를 하게 된 그는 17년의 세월을 무척 후회했고 가슴 아파했다. 어렸을 때 헤어져 이제는 알아볼 수 없이 커버린 자식들을 가슴에 안으며 내가 너희들의 아버지라고 떳떳이 말할 수 없는 아버지.

초라하고 병든 모습으로 어느 날 나타난 아버지를 안으며 자식들은 또 어떤 생각이 교차되었을까. 그는 이혼한 후 아내의 재혼 소문을 듣고 가족들의 행복을 위하여 그리움을 떨어내며 혼자 살아왔는데…. 죽기 전에 가족을 한 번 만나고 죽겠다던 그의 소원은 오히려 더 큰 아픔이 되어 그의 가슴에 남았다. 재회한 가족과 사랑을 나눌 수 있는 시간이 너무 짧았기 때문이다.

최씨의 통증은 날로 심해 갔다. 그는 센터에서 지내면서 예수님을 영접하고 세례를 받았다. 심한 기침을 하여 센터에 거주하던 다른 사람들을 불편하게 하였지만 센터의 매니저 프레디와 식구들은 진정으로 그를 걱정하며 위로해 주었다.

결국 그는 마지막 소원이던 아이들과 재회한 후 굿 사마리
탄 병원 응급실로 들어간 후 세상을 떠났다. 우리는 그가 이
세상에서 가장 힘들고 고통스러울 때 그의 마지막 보금자리
였던 거리선교회 센터에 그의 빈소를 마련했다. 17년 동안 사
랑하는 가족과 헤어져 거리를 방황하던 그의 영혼은 하나님
품에 영원히 안겼고 화장된 그의 몸은 그의 둘째 딸이 가슴에
안고 휴스턴으로 떠났다.

그가 머물렀던 자리에 그처럼 아프고 고통스럽고 지친 영
혼이 또 다시 깃들일 것이나. 나는 그들을 맞이할 준비로 오
늘도 바쁜 손길이 된다.

라스베가스에서 온 노름 중독자 미스터 폴

라스베가스는 인간이 만든 최고의 환락의 도시이다. 그래서 세계 각국의 많은 사람들이 라스베가스의 매력에 끌려 몰려든다. 그러나 환락의 화려한 불빛 뒤에는 인생의 모든 것을 노름으로 다 허비해 버린 절망의 소리가 들려온다.

밤중에 나를 만난 폴은 라스베가스에서 왔다. 그 청년은 30대 중반이었고 외모도 잘 생겼다. 그는 서울의 명문대학을 나왔고, 미국의 유수한 음악대학원에서 바이올린을 전공한 인재였다. 그러나 그는 손을 다쳐서 바이올린을 못하게 되자 절망하였고 큰 충격을 받았다.

그는 사업을 해 보았으나 계속된 실패로 빚만 지고 어렵게 되자 미국으로 도피하였다. 이 지경에 이르자 한국에 있는 부인과 이혼하게 되었다. 아들도 하나 있었다고 하니 그가 잃은 것이 얼마나 많은가?

그는 자기는 노름 중독자이며 남의 것을 훔치기도 했고 많

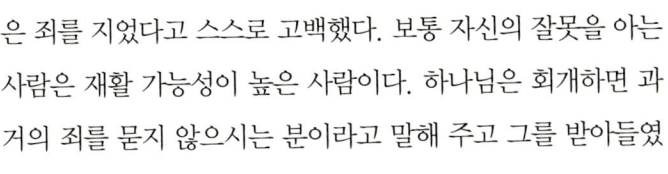

은 죄를 지었다고 스스로 고백했다. 보통 자신의 잘못을 아는 사람은 재활 가능성이 높은 사람이다. 하나님은 회개하면 과거의 죄를 묻지 않으시는 분이라고 말해 주고 그를 받아들였다.

미스터 폴은 모든 면에 뛰어난 재주를 가지고 있었다. 모든 악기를 잘 다루었으며 특히 컴퓨터에 능했다. 그는 매일 아침 홈리스 사역 현장에 센터 식구들을 차에 태우고 운전해 다니는 우리 사역에 없어서는 안 될 청년이었다. 그가 센터에 있는 동안은 누구보다 성실하고 착한 청년이었다.

그런데 도대체 무엇이 그를 그렇게 만들었단 말인가. 누구나 불행은 찾아온다. 그러나 그 아픔을 견디지 못해 술이나 마약으로 상처를 치유하려 해서는 안 된다. 마약은 상처를 치유하는 것이 아니고 고통을 잠시 멈추게 할 뿐이다. 육신의 고통을 잠시 잊게 하듯 마음의 고통을 잠시 잊기 위해 마약이 필요했고 술이 필요했을지 모른다. 그러나 그것은 잠시일 뿐 술과 마약에서 깨어났을 때는 몇 배 더 큰 통증을 느낄 텐데 어리석은 사람들은 잠시 쾌락을 찾기 위해 계속되는 고통을 생각하지 않는다.

그는 라스베가스의 한 카지노에서 슬롯머신 앞에 앉아 그 많은 시간을 허비했을 것이다. 언젠가 터져 나온 현란한 블랙잭 소리를 듣고 많은 돈을 땄을 것이고, 그 기분은 마치 천하를 얻은 것 같았을 것이다. 그러나 얼마 안 가서 그 상자에 그 많은 돈을 다 처넣었을 것이고 결국 빈손으로 그 자리에서 일

어났을 것이다.

돈이 생기면 언젠가는 다시 한 번 기회가 올 것이라는 굳센 믿음을 가지고 슬롯머신 상자에 앉아 인생을 허비했을 것이다.

그 청년은 라스베가스에서 모든 것을 잃은 뒤 교회를 찾았다. 그리고 교회에 많은 사람들에게 아픔과 배신을 선사했다. 그를 믿었던 목사와 그를 사랑했던 모든 성도들을 배신했다. 자신의 쾌락을 위해 수많은 사람들을 고통으로 몰고 갔다. 술과 마약, 그리고 노름에 중독된 이들은 자기의 고통을 잠시라도 잊기 위해 결국에는 모든 것을 잃게 된다. 그리고 자신 주변의 많은 사람을 고통으로 몰아넣는다.

라스베가스에서 그렇게 많은 사람들을 아프게 한 그였지만 하나님은 그에게 다시 기회를 주었다. 거리선교회 센터에서 5개월 동안 그는 하나님 말씀으로 치유를 받는 듯했다. 그리고 성실하게 홈리스 사역을 도왔다.

그러나 그가 다시 취직하고 돈을 벌게 되면서 그는 다시 노름에 손을 대었다. 그때는 이미 센터를 떠난 후였다. 그 후 취직했던 직장도 다시 잃게 되고 다시 샌프란시스코 쪽으로 가 사기 행각을 일삼고 그럴듯하게 자신을 위장한 후 남의 물건을 도둑질해 다시 도망자의 신세로 전락하고 말았다. 나는 그를 찾아가 부탁하고 또 부탁했다.

"너마저 재활에 실패하면 나같은 사람은 무슨 의미로 이 사역을 하겠느냐. 그러니 이것이 하나님이 주신 마지막 기회인

홈리스들과 함께

줄 알고 이 기회를 놓치지 마라."

그러나 결국 그는 또 한 번의 기회를 놓치고 말았다. 무조건 용서하고 용납한다고 다 좋게 되는 것은 아니다. 감옥에 갈 사람은 가야 한다. 그래야 정신을 차릴 수 있기 때문이다.

어쩌면 감옥에 가게 하는 것도 재활의 한 과정일 수 있다. 때로는 재활센터를 하는 사역에 대해 회의가 들 때도 있다. 인간이 인간을 변화시킨다는 것은 불가능한 일이다. 오직 하나님만이 인간을 변화시킬 수 있다. 오직 하나님의 말씀으로 그들을 변화시킬 수 있다.

한동안 폴이 직장에 취직하여 센터에서 나간 후에도 주일이면 센터에 와 예배를 드린 적이 있다. 그때는 이미 폴이 로스앤젤레스 근방의 카지노에 다니던 때였다. 설교 시간에 노

름에 중독되어 인생을 허비하고 있는 폴이 불쌍해서 견딜 수가 없었다. 설교 후 기도를 하는데 뜨거운 눈물이 쏟아졌다. 그를 향한 연민과 사랑이 치밀어 올랐다. 최선을 다해 그를 도우려 했던 우리의 모든 정성도 끝내 폴을 변화시킬 수 없었다. 우리는 많은 노력과 수고를 하지만 폴과 같은 결과를 얻을 때가 더 많다.

인간은 씨를 뿌리고 하나님이 거두신다. 어찌 인간이 인간을 변화시킬 수 있겠는가. 다만 우리는 그의 가슴에 하나님의 사랑의 씨가 뿌려졌기를 간절히 바랄 뿐이다.

그가 어느 교회에서 고액의 악기를 훔쳐 달아났다는 소식이 왔고, 그가 여전히 노름의 노예가 되어 사기 행각을 벌인다고 해도 나는 결코 낙심하거나 재활 훈련을 게을리 하지 않는다. 왜냐하면 주님께서 이렇게 말씀하셨기 때문이다.

"선을 행하다가 낙심하지 말라. 때가 이르면 거두리라."

새로 구입한 홈리스 센터,
한인 홈리스들

미국인들을 재활시켰던 센터는 이제 한
인들로 가득차 있다. 그동안 임대하였던
센터가 팔리게 되어 우리는 새로운 센터를
구입해야만 했다. 마침 센터에는 한인 홈리스들로 가득차 있
었고, 더 이상 작은 규모의 센터를 가지고는 찾아오는 한인들
을 수용할 수 없었기 때문이다.

새로 구입한 센터는 방이 5개의 이층집으로 15명까지 수용
할 수 있었으며 앞뜰과 뒤뜰이 있어서 좋았다. 특히 뒤쪽에는
땅이 넓어 앞으로 미 정부의 허가를 받게 되면 직장훈련센터
를 만들 꿈도 가질 수 있게 되었다.

100년 된 주택을 구입하여 내부 수리를 했는데 이때 구 센
터에 들어와 있던 한인 중 목수, 페인트 경험자들이 있어 센터
수리에 큰 도움이 되었다. 우리가 센터를 구입하게 된 것은 새
로운 집을 구하기가 힘들고 구한다 해도 임대료를 가지고 집
을 구입하는 것이 훨씬 경제적이라고 판단했기 때문이다.

　미국에서는 새 집을 구입할 때는 각 사람의 신용에 따라 융자 액수가 결정이 되는데 우리는 5%의 다운페이를 내고, 95%의 융자를 받아 집을 구입할 수 있었다. 새로운 집을 마련했다는 것은 가슴 벅찬 일이다. 로스앤젤레스 한인타운에 홈리스 재활센터가 순수한 한인들만의 힘으로 세워질 수 있다는 것은 참으로 놀라운 일이다. 이 집을 마련하기 위하여 두 번에 걸친 콘서트를 가졌고, 한인 약사회에서는 큰 돈을 모금해 주었다. 나성순복음교회에서는 일일찻집을 열어 주었고, 여러 교회와 개인이 후원에 동참해 주었다. 이 일을 위해 언론에서도 많은 도움을 주었다.

　전 세계에서 유일하게 한인들의 힘으로 세워진 홈리스 재활센터는 앞으로 이역 만리 미국에 와서 집을 잃어버린 한인들이 재활할 수 있는 쉼터로 이용될 것이다. 또한 한인들만이 아니라 타 민족 홈리스들이 와서 쉬면서 재활의 길을 걸을 수 있도록 마련된 공간이다. 이곳은 매일 아침 수많은 타민족 홈리스들에게 나누어 줄 음식을 준비하는 곳이기도 하다.

　새로 단장해 입주한 센터에는 우울증 환자, 알코올 중독자, 노름 중독자, 중풍병자, 아이, 달리 갈 곳 없는 여성들, 이렇게 14명의 식구들이 입주하였다. 이씨는 우울증으로 3년간 홈리스로 떠돌아 다니다가 정신병동에 잠시 있었다. 이씨는 퇴원 후 센터에 와서 외부 치료를 받으며 생활하고 있다. 뉴욕에서 이주한 박씨는 IMF 후 부도를 맞아 가족과 헤어졌고, 투신 자살을 기도하였다. 홀홀 단신으로 미국 뉴저지 주유소에서 일

센터 구입 후 개원 예배를 마치고 후원자들과 함께

하다가 실직되자 이곳에 왔으나 심한 우울증으로 자살을 시도 하였다가 응급처치로 살아나기도 했다. 미스터 강이라는 사람 은 아주 좋은 용접 기술이 있으나 알코올 중독으로 직장을 잃 었다. 어린 아들을 데리고 센터에 들어온 젊은 여성은 미국 쉘 터에서 쫓겨나 이곳으로 왔다.

여성들 중에는 국제 결혼에 실패한 후 무작정 로스앤젤레 스 한인타운에 왔다가 홈리스가 되어 센터로 들어온 여성들 도 많다. 이들 중에는 센터의 규칙을 지키지 못하거나 서로 다투다가 스스로 센터를 떠나는 경우도 있다. 우리가 특별히 관심을 가져야 할 것은 한인 노인 홈리스들이다. 현재 센터에 머물고 있는 사람 13명 가운데 6명이 60대 노인이고 이들은 대부분 불법 체류자들이다.

　얼마 전 센터로 모시고 온 60대 노인 두 사람은 한남체인 마켓 앞에서 한 달 동안을 지냈는데 자신들이 홈리스인 것을 사람들이 몰랐다고 한다. 체면상 도와 달라고 할 수가 없었다고 하는데 그중 한 사람은 한국의 가요계에서는 이름을 대면 다 알만한 사람으로 당뇨가 심해 다리를 절룩거렸다. 또 한 사람은 심장병을 얻어 고생을 하고 있는데 두 사람 역시 불법 체류자이다. 이혼 후 정신적인 장애로 아파트에서 쫓겨 나와 센터로 온 60대 여성은 동생들이 셋이나 가까운 곳에 살고 있으나 모두들 외면하고 있다. 외국 남자와 이혼한 후 코리아타운으로 왔으나 직장 생활에 적응하지 못하고 홈리스가 된 또 한 명의 여성은 두 명의 자녀가 있으나 연락이 끊어진 상태인데 역시 60대이다.

　센터에 들어온 사람들의 공통점은 가족을 비롯해 모든 관계가 깨어진 사람들이다. 40대 남성과 50대 남성은 마약과 알코올 중독으로 가족과 헤어진 후 삶의 목표를 상실하고 거리로 나오게 되었다. 센터에 들어와 재활 훈련을 열심히 받은 그들은 곧 직장을 잡아 센터를 떠나게 될 것이다.

　한인 사회의 수많은 교회와 단체들이 커뮤니티 봉사 기관들에게 골고루 관심을 기울여 소외되는 곳이 없도록 배려해 주었으면 한다. 봉사단체들은 정기적인 지원을 절실히 필요로 한다. 고국을 떠나 머나먼 땅에 와서 홀로 된 집 없는 노인들, 마약과 알코올에 중독되어 재활을 원하는 한인들, 그리고 불법 체류자들에 대한 사랑과 관심이 필요하다.

그 성읍이
평안하기를 힘쓰라

· 무숙자 근절을 위한 방안 ·

 한국에서는 서울역 대합실이나 전철역 등에서 자는 사람들을 "노숙자(露宿者)"라고 부르고 있다. 노숙자란 말은 '노숙하는 사람'이라는 뜻인데 '길에서 자는 사람들'이라는 뜻이다. 미국에서는 "홈리스"(Homeless)라는 말을 쓰는데, '집을 잃어버린 사람', '집이 없는 사람'이라는 뜻이다. 한국말로 하면 '무숙자(無宿者)'라는 말이 맞다. 미국의 '무숙자'의 정의는 미국이란 특수한 상황에서 미국의 생활 기준으로 만들어낸 정의이다.

어른, 청소년, 소녀, 어린이들이 길거리, 공원, 골목, 전철 정류장, 자동차, 주차장 등 사람이 거주하기에 적합하지 않는 곳에 숙식할 때 이들을 '무숙자'라 부른다. 이들이 임시 숙소인 쉘터에서 잘 때도 무숙자이다. 무숙자들을 위한 임시나 장기 숙소, 잘 데가 없어 다른 사람이나 기관에서 지불해 준 모텔이나 아파트에 임시로 사는 사람도 무숙자이다.

2005년 7월초에 "그 성읍이 평안하기를 힘쓰라"(렘29:7)는 제목으로 로스앤젤레스에서 "무숙자 세미나"가 열렸다. 미국 전역에서 무숙자들을 위해 일하는 전문 사역자들과 이 분야에 관심 있는 한인들이 모여 주제 강연을 듣고 사례 발표를 하였다.

이번 세미나에서는 미국 내 무숙자 사역 현황 보고, 후원자 모집과 관리, 자금 신청, 무숙 문제 영구 해결책에 대한 논의가 있었고, 앞으로 효과적인 무숙자 사역을 위해 함께 노력해 나가기로 하였다. 이러한 일을 위해 무숙자연합회를 구성하기도 하였다.

특별강사로 초빙된 김진숙 목사는 무숙자들을 근절하기 위해서는 미국의 정책을 바꾸도록 하는 일이 가장 중요한 문제라고 말하며 무숙자가 되는 이유는 정부의 잘못된 정책과 성읍의 평안을 위해 힘쓰지 않는 교회에도 책임이 있다고 하면서 무숙자 근절을 위한 대안을 제시하기도 하였다.

또한 전문 사역자들의 사례 발표를 통해 무숙 근절을 위한 많은 논의가 있었는데 김목사의 무숙 근절 단계와 그날 논의된 것들을 다음과 같이 정리하여 보았다.

우선 무숙자 근절을 위해 미국 사회는 어떤 사회인가를 생각해 볼 필요가 있다. 미국은 전 세계 인구의 6%도 안 되지만 전 세계 재산의 59%를 소유하고 있다. 그러나 이 나라에는 3천 4백만 명이 가난에 허덕이며 매일 밤 칠십만 내지 백만 명이 무숙을 체험한다. 로스앤젤레스에는 매일 5만 명 내지 8만

센터에서 홈리스들의 성경공부

명이 무숙을 체험하고 있다. 그 중 30%는 어린이이며 L.A.
에는 무숙자를 위한 침대가 1만여 개 밖에 없다.

2단계로는 미국에서의 교회와 정부의 무숙 근절 의지와 정
책 결여를 지적하고 있다. 무숙의 근본 원인을 저소득층 주택
부족, 최저 임금 제도의 모순, 정신 질환, 가정 폭행, 이혼, 술
마약 중독, 인종 차별을 들고 있다. 미국의 여러 시에서는 무
숙자들을 보호하는 정책보다는 쓰레기처럼 쓸어버리고 싶어
한다. 주택 부족이라는 현실을 인식하면서도 베버리 힐, 달라
스, 텍사스, 롱비치, 보스턴 같은 도시에서는 공원에 캠프를
치거나 자는 것을 불법으로 규정하고 있다.

3단계로는 무숙자 근절을 위한 신학적 입장이다. 성경에는
가난한 자를 도우라는 명령이 아주 강하게 기록되어 있다. 신

약 성경에는 매 16절마다, 복음서에는 매 10절마다, 누가복음에는 7절 마다, 야고보서에는 매 5절 마다 기록하고 있다. 예수님은 가난한 자들을 자신처럼 대접하라고 말씀하셨다.

4단계는 모든 교회는 방 하나를 비워 무숙자들에게 제공하는 것이다. 교회의 주인은 주님이시며 나그네 된 사람을 영접하는 것은 주님이 원하시는 일이다. 그러나 예배당은 일주일 동안 문을 꽁꽁 잠근다. 교회들이 방 하나를 열어 무숙자들을 위한 장소로 사용된다면 무숙자들을 근절하는데 엄청난 도움이 될 것이다. 교회에서 무숙자들을 위한 무료 급식 프로그램이나 낮 쉼터를 운영하는 등 많은 일들을 할 수 있다. 그 외에도 정부에 무숙을 근절하도록 촉구하는 일 등이 있다.

미국의 경제력으로 정부가 노력을 기울이면 무숙을 근절할 수 있다. 무숙을 근절하기 위해서는 정부의 적극적인 정책과 교회와 민간 단체들의 참여로 우선 무숙자들이 배고프지 않도록 먹이고 입히는 응급 처치가 중요하다. 그 다음은 무숙자들이 안 생기도록 예방하는 것이다. 그리고 무숙자들에게 거처할 집을 마련해 주는 것이다.

거처할 곳이 없다면 취업도 할 수 없고 각종 질병에서 치유받지도 못한다. 결국 그들은 영구한 무숙자로 각 동네를 떠돌아다닐 때 성읍의 평안은 깨어지는 것이다. 그들을 수용할 수 있는 더 많은 쉘터와 저소득층 주택들이 생겨나야 한다. 집부터 주고 집을 잃어버리지 않도록 돕자는 것이다. 이 일을 위해서는 교회들이 앞장서서 방 하나를 내주어야 할 것이며 정부가 무숙자 근절을 위해 정책을 펴도록 촉구해야 한다. 뿐만 아니라 우리들의 세금이 극빈자 주택이나 직업 훈련, 교육비에 더 많이 쓰여지도록 정부에 촉구해야 한다. 이것은 곧 무숙을 예방하는 길도 되기 때문이다.

교회와 정부, 사회 복지 기관들이 모든 것을 동원하여 미국의 빈곤과 무숙을 근절하도록 힘쓰는데 우리들도 힘을 합해 나가야 할 것이다. 그것이 곧 나의 평안을 위한 일이기 때문이다.

05 내 형제 내 누이를 가슴에 안고

"새벽에 만난 한 할아버지는 따뜻한 물 한 모금이면 밤새 떨고 난 추위를 참을 수 있을 것 같다고 말했다. 미국에 돌아가는 비행기 안에서 나는 한국 노숙자. 내 형제 내 누이를 내 가슴에 안을 수 있도록 주님이 도와 달라고 기도했다."

"2005년 1월. 나는 한국으로 향했다. 여전히 나의 손에는 아무 것도 없었다. 또다시 철저히 빈손일 뿐이다. 그러나 내 가슴은 내 형제 내 누이에 대한 사랑과 열정으로 뜨겁게 타오르고 있었다."

최고의 후원자

미국에서 5년 동안 열심히 일한 홈리스 사역은 내가 20년 동안 일반 목회 사역을 한 것보다 나에게 더 큰 보람과 기쁨을 주었다. 2004년 9월에는 모교에서 채플 설교와 특강을 하게 되어 한국에 오게 되었다. 나의 홈리스 사역을 눈을 반짝이며 신선한 충격으로 받아들이는 많은 학생들이 있는 반면 졸업반 학생이 나에게 이런 질문을 던졌다.

"한국에도 노숙자들이 많은데 왜 목사님은 미국 홈리스들을 위해서 일하고 한국 노숙자를 위해서 일하지 않습니까?"

"나는 현재 미국에 살고 있고 미국에서 하고 있는 홈리스 사역 안에는 한인 홈리스들이 포함되어 있을 뿐만 아니라 전에 한국이 어려울 때 미국이 한국을 많이 도와 주었기 때문에 미국에 사랑의 빚을 갚는 심정으로 일하고 있다."고 말했다. 그리고 한국 노숙자들을 돕는 것은 여러분들의 몫이라고 가볍게 넘겼다. 그러나 그 학생의 날카로운 질문의 목소리는 계

속 내 귓가에 맴돌았다. 나는 그날 밤잠을 자지 못하고 그들에 대한 연민으로 깊은 시름에 젖었다. 그 이튿날 새벽 노숙자들이 많이 모인다는 청량리역과 서울역에 나가 보게 되었다. 그런데 한국 노숙자 상황은 정말로 심각했다. 아무런 대책도 없이 길가로 내쫓겨 있는 것이었다.

미국 로스앤젤레스는 이곳보다 춥지 않은 기후를 가지고 있었고, 나름대로 그들을 위한 복지 시설이 갖추어져 있어서 그들이 원하기만 하면 최소한의 의식주에 필요한 혜택을 받을 수 있다. 그러나 이들은 간단한 샤워를 할 수 있는 시설도 없었고 심지어는 화장실도 사용하기 어려웠다. 무엇보다도 미국 노숙자들은 마약이나 도박 중독으로 거리에 내몰린 젊은이들인데 비하여 한국은 60세가 넘은 노인들이 많았다. 새벽에 만난 한 할아버지는 따뜻한 물 한 모금이면 밤새 떨고 난 추위를 참을 수 있을 것 같다고 말했다. 미국으로 돌아가는 비행기 안에서 나는 한국 노숙자, 내 형제, 내 누이를 내 가슴에 안을 수 있도록 주님이 도와 달라고 기도했다.

내가 미국에 도착하기도 전에 하나님은 이미 한국 노숙자 사역을 위해서 좋은 동역자들을 준비시켜 놓은 것을 알게 되었다. 한국에서 연락이 이미 와 있었다. 어느 분이 한국에서 노숙자 사역을 시작하려고 하는데 노숙자 사역의 경험이 있는 나의 동역이 절실히 필요하다는 소식이었다.

나와 나의 동역자들은 한국과 미국으로 떨어져 있으나 같은 시간에 이 사역을 위해 기도하였다. 그들은 노숙자 섬김의

서울역 노숙자들과의 예배

사역이 너무 많은 것들이 필요로 되는 사역이기 때문에 조금 은 두려워하고 있었다. 나는 우리가 준비할 것은 주님이 이 일을 우리에게 명하셨기 때문에 주님이 우리를 도와주실 최 고의 후원자이심을 믿는 믿음과 노숙자들을 내 형제, 내 누이 로 가슴에 안을 수 있는 긍휼한 마음만 있으면 된다고 권면했 다.

그러나 동역자들의 마음은 계속 흔들렸고, 때로는 없었던 일로 하자는 포기의 메일이 오기도 했다. 나는 나 혼자서라도 이 일을 시작해야겠다는 마음으로 미국 사역을 이전도사와 프레디에게 위임하여 주고 한국 노숙자 사역을 차근히 준비 하였다.

2005년 1월! 나는 한국으로 향했다. 여전히 나의 손에는 아

무 것도 없었다. 또다시 철저히 빈손일 뿐이다. 그러나 내 가슴은 내 형제, 내 누이에 대한 사랑과 열정으로 뜨겁게 타오르고 있었다.

물 한 주전자

20년이나 잊고 있었던 서울의 추위는 살을 에이듯 혹독하다. 물기가 있는 것이면 여지없이 단단히 얼려 놓는다. 아직 어둠이 깔려 있는 새벽길은 땅에서도 맹추위를 뿜어내어 죽음의 기운을 뿜는 것 같다. 차가운 콘크리트 바닥에서 잠을 자고 난 그들에게는 새벽에 먹는 한 끼니의 밥은 먹어도 되고 안 먹어도 되는 한 끼의 밥이 아니라 먹으면 살고 못 먹으면 죽는 목숨과도 같은 것이다. 서울역에 가장 많은 노숙자들이 있고 그들의 상황은 비참했다.

우선 노숙자 무료 급식은 아침을 주기로 결정했다. 다른 봉사 단체에서는 거의 점심이나 저녁을 배식하고 있었다. 아침은 새벽 6시 이전에 배식해야 하므로 음식은 새벽 3시 이전에 만들어야 하기 때문에 자원 봉사자들을 얻을 수 없다. 그러나 그들에게 아침은 절박하기 때문에 그들에게 맞추어야 한다. 한국 노숙자 사역도 미국과 마찬가지로 맨손으로 시작해야만

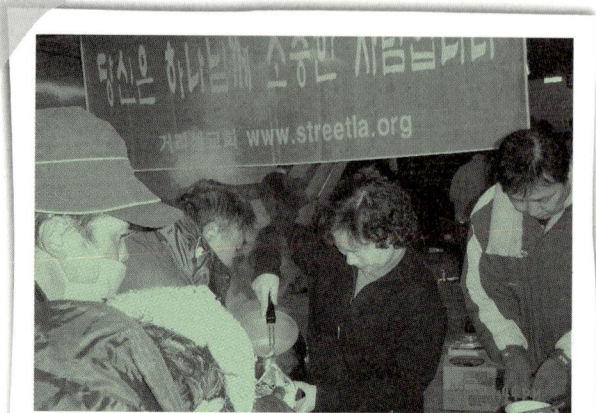

겨울철 거리에서 노숙자들에게 컵라면을 제공하는 모습 (2005. 2)

했다. 조직된 후원회도 없고 그들에게 나누어 줄 음식이나 그
릇, 수저도 없었다. 그야말로 뜨거운 물 한 주전자밖에 들고
나갈 것이 없었다. 그래서 이동식 소형 가스 버너 두 개와 물
주전자와 컵라면 30개를 가지고 서울역으로 나갔다. 주님의
일은 주님이 허락하시는 만큼만 하는 것이다. 시작을 하면,
한 걸음만 걸으면 그때부터 주님의 도우심과 인도하심이 함
께 해 주시는 것이다. 컵라면 30개는 눈 깜짝할 사이에 동이
났다. 날씨가 너무 추워서 가스 버너에 올려 놓은 물이 좀처
럼 끓지 않는다. 기다리고 있는 그들의 코끝마다 고드름이 달
려있다. 후루룩 후루룩 얼마나 맛있게 먹는지…. 그들을 바라
보는 나의 마음에 기쁨이 강물처럼 밀려왔다. 아! 저들에게
김치라도 곁들여 줄 수 있다면 얼마나 좋을까.

심부름꾼

컵라면으로 시작된 노숙자 아침 급식은 한 달도 못되어 300명이 넘는 인원이 몰려들었다. 비록 컵라면을 주고 있지만 그들을 향한 진정한 사랑을 그들이 느끼고 있는 것 같다. 무엇보다 우리들이 나누는 음식에서 자랑할 만한 것은 하나로교회 유정옥 사모가 담그는 김치맛일 것이다. 김치를 사서 쓰자고 해도 노숙자들은 집에서 담근 김치를 먹고 싶어 할 거라며 고집을 부려 담가 온다. 사실 나는 그 고집이 은근히 좋아 못이기는 척하고 일부러 져 준다.

오늘은 이른 새벽인데도 줄을 선 노숙자들의 끝이 보이지 않는다. 우리 거리선교회에서 나누어 주고 있는 떡국이 맛있다는 입소문이 난 모양이다. 컵라면으로 시작한 노숙자 무료 급식은 한 달도 못되어 떡국으로 바뀌게 되었다. 처음에는 구정 명절에만 특별 음식으로 주려고 했으나 여러 사람의 손길이 명절 후에도 떡국으로 줄 수 있게 했다. 컵라면을 주다가

떡국을 주려고 하니 그릇이 문제였다. 그래서 할 수 없이 일회용 그릇을 썼는데 뜨거운 국물을 감당하지 못하고 녹아지고 오그라들었다. 노숙자 중에는 장애인이 많고, 노인들은 중풍기가 있어서 손을 떨기 때문에 일회용 그릇을 사용하면서 혹시 그들이 손을 데일까 봐 염려가 많이 되었다.

"그릇을 구입할 수 있으면 좋으련만….”

우리 봉사자들은 한결같이 이 바람을 가졌다. 그런데 다음 날 아침 울산에서 전화가 왔다. 사업을 하는 남편이 수익을 올릴 때마다 이웃을 돕는 헌금으로 모아 왔는데 그것을 송금해 줄 터이니 거리선교회에서 이웃을 위하여 선하게 써달라는 것이다. 그들을 위한 그릇을 구입하면 어떻겠느냐고 조심스럽게 물었더니 그는 아주 흡족해 하고 기뻐하였다. 이래서 울산에 사는 부부의 헌신은 수백 개의 노숙자 밥그릇이 되었다.

자동차에 온통 그릇으로 꽉 채우고 고기를 사기 위해 동역자들과 마장동에 갔다. 고기 도매상 주인은 명절도 끝났는데 왜 고기를 많이 사야 하느냐고 물었다. 내일 새벽 노숙자들에게 줄 떡국을 끓이려고 그런다고 대답하자 그 분은 어찌 그런 좋은 일을 하느냐고 감동하는 것이었다. 그러더니 소뼈와 소고기를 수십 만원 어치를 선뜻 내주었다. 그리고 이제부터 노숙자에게 줄 고기를 얼마든지 주겠다고 약속하였다. 자동차는 앉을 자리가 없이 고기로 채워졌다. 나는 마치 집에서 부모를 기다리는 수많은 자식들에게 모처럼 먹을 것을 잔뜩 짊

노숙자들에게 국밥을 제공하는 모습

어지고 가는 것 같이 발걸음이 빨라졌다.

코 끝에 느껴지는 고기 국물의 냄새가 얼마나 좋은지…. 주님은 굶주린 그들을 이토록 먹이고 싶어하시는구나. 그들을 불쌍히 여기시고 사랑하시는구나. 그들에게 음식을 제공하는 분은 우리가 아니고 주님이시다. 우리는 심부름꾼일 뿐이다.

고기와 떡국이 풍족하니 끝도 없이 늘어선 노숙자의 행렬이 조금도 두렵지 않았다. 음식이 부족하여 추운 새벽길을 걸어온 노숙자들을 돌려보낼 때면 가슴이 메여 왔는데 오늘은 한 사람도 돌려 보내지 않고 다 줄 수 있을 것 같아 마음부터 넉넉하다. 평촌, 산본, 일산, 구로… 이렇게 먼 곳에서부터 이른 새벽길을 마다치 않고 달려 나온 자원 봉사자들 한 사람 한 사람이 말로 다 할 수 없이 고맙다. 뿐만 아니라 미국 뉴저

지 연합감리교회를 비롯한 많은 교포들이 한국을 방문할 때
는 반드시 서울역 노숙자 사역 장소인 남대문 5가 지하도에
들려 헌금해 주고 봉사에 참여하고 있다. 그들에게 상급을 베
푸실 주님이 있기에 나는 그저 기도만 해 줄 뿐이다.

십여 명이 넘는 자원 봉사자들의 손길이 쉬지 않고 바삐 움
직였는데도 남대문 5가 지하 도로 사용 시간인 7시를 넘기고
말았다. 한 사람이라도 더 주려고 하다 보니 그렇게 되었는데
관리인의 얼굴이 울상이다. 수백 개의 그릇이 모자라서 즉석
에서 설거지를 하여 음식을 나누었으니 아마 오백 명은 온 것
같았다. 이렇게 많은 사람들을 우리에게 맡겨 주신 주님께 그
저 감사 또 감사할 뿐이다. 그 많은 사람들을 먹일 음식과 필
요한 모든 것을 주님은 빈틈없이 조금도 부족함 없이 공급해
주고 계시다. 어제도, 오늘도, 그리고 내일도 말이다.

다민족 합창제

 로스앤젤레스는 다민족들이 사는 곳이다. 히스페닉이 가장 많으며, 백인과 흑인 그리고 아시안들이 함께 어우러져 사는 곳이다. 흑인 이 시장이 되는가 하면 히스페닉이 시장이 되기도 한다. 또한 이민자들이 많이 몰려 살고 있고, 서류 미비자들도 유난히 많 이 살고 있는 곳이다. 소수 민족 중에는 한인들도 많은 수를 차지하고 있다.

이곳에서의 한인들은 흑인들이나 히스페닉을 상대로 장사 를 해서 생활하고 있다. 한인들이 경영하는 마켓이나 식당, 그리고 봉제공장 등에서는 히스페닉들이 대부분 직원으로 일 하고 있다. 흑인들과 히스페닉들은 우리와 함께 공존해서 살 아가야 할 내 형제, 내 누이들이다. 우리들이 매일 아침 찾아 가는 홈리스들의 대부분은 흑인과 히스페닉이다. 그렇다고 그들보다 우리가 우월하다는 생각을 가지면 그것은 큰 오산 이다. 단지 우리는 그동안 전쟁을 경험하고 배고픔을 경험한

L.A.에서 있었던 다민족합창제에서 흑인성가대 (2004. 6. 12)

민족들로 그들보다 부지런하고 근면하기에 이제는 그들을 도울 수 있는 것이다.

한국 사람들의 이민 역사는 비교적 짧다. 그곳에서 오래 전부터 자리를 잡고 살았던 타 민족들보다 조금 잘 산다고 해서 타 민족을 무시하다가는 큰일이 난다. 지난 흑인 폭동을 통해 우리는 큰 교훈을 얻었다. 이제는 그들을 우리 가슴에 안고 더불어 함께 살아야 한다.

우리는 동양선교교회에서 "다민족 합창제"를 열었다. 한인, 흑인, 히스페닉 그리고 백인 합창단을 초청하였다. 이 대회는 우리 모두 더불어 살아가는 친구로서 함께 천사의 도시 로스앤젤레스를 위해 기도하자는 마음에서 마련된 것이다. 홈리스들의 문제는 로스앤젤레스 시민이면 누구나 관심을 가져야

05

내 형제, 내 누이를 가슴에 안고

하는 중요한 것이므로 모든 커뮤니티가 홈리스들을 돕는 일
에 동참할 것을 바라는 마음에서 합창제를 개최한 것이다. 로
스앤젤레스 시장 제임스 한과 로스앤젤레스 카운티 의원인
이반 버크가 축사를 보내왔다.

합창제에서 흑인들의 찬양은 대단했고 우리 모두를 열광의
도가니로 몰아 넣었다. 특히 백인 암환자들로 구성된 생명찬
양합창단의 합창을 통해 1,000여 명의 관중들에게 큰 감동을
주었다. 병든 몸을 이끌고 하나님을 찬양하는 그들의 합창에
서 건강한 사람들이 이웃을 위해 어떻게 살아야 할 지를 가르
쳐 준 셈이다. 밝고 경쾌한 히스패닉의 찬양을 통해 즐거움을
더해 주었고 마지막으로 우리 모두는 손에 손을 맞잡고 기쁨
이 넘치게 찬양을 하였다. 홈리스 문제는 모든 커뮤니티들이
함께 손을 잡고 해결해 나가야 하기 때문이다.

199

누구를 찾으시나

나는 이제 이삿짐 센터의 숙련공보다 더 많은 짐을 차곡히 빨리 쌓을 수 있게 되었다. 노숙자 급식 차량은 대형 석유 버너와 물통, 김치 등이 가득 실려 이삿짐 차량보다 짐을 많이 싣고 달리기 때문이다. 급식 차량이 도착하면 기다리고 있던 노숙자들이 차에서 물건을 내리고 급식 장소에까지 날라다 준다. 몸이 불편하고 나이가 많아 거동이 불편한 사람들은 질서 있게 줄을 서서 급식을 기다린다.

이제부터 따뜻한 밥을 줄 수 있게 되었다. 그들에게 뜨끈한 밥과 국을 줄 수만 있다면 얼마나 좋을까 하고 그것을 간구한 지 두 달 만에 이루어진 것이다. 우리는 노숙자 아침 급식을 시작한 처음부터 배식하기 전에 예배를 드렸다. 이들에게 한 그릇의 밥도 귀하지만 진정으로 이들을 사랑한다면 하나님의 자녀가 되게 해 주는 것이 가장 귀한 일이기 때문이다. 처음에는 예배를 왜 드리느냐고 소리를 지르고 욕설을 퍼붓더니 이젠 으레 예배 드려야 하는 것으로 알고 줄을 지어 기다린다. 몸이 저리도록 냉기가 올라오는 바닥에 앉을 수 없어 우리는 길에 서서 발을 동동 구르며 예배를 드린다. 자원 봉사자들과 노숙자들이 한 데 어우러져 드리는 거리의 예배는 강대상도 없고 피아노도 없고 안락한 의자도 없다. 나는 이따금 귀가 찢어지도록 쾡음을 내는 확성기에 대고 말씀을 전한다. 내가 아무리 배가 아프도록 힘을 주고 소리를 질러도 뒤에서는 들리지 않을 것이다. 그러나 그들은 전해지는 말씀마다 "아멘! 아멘!" 화답하며 말씀을 듣는다. "예수님 차양", "예수 사랑 하심은", "찬양하라 내 영혼아" 등은 거리의 예배에서 부르는 찬송이다. 그들이 내는 목소리가 유일한 악기이지만 그들은 씻지도 못한 검은 손을 높이 들고 찬양한다. 그들의 얼굴은 눈물로 얼룩진다.

서울역 주변의 건물들은 노숙자들이 들어올까봐 전문 경비원을 두고 건물 화장실을 지킨다. 노숙자들이 교회에 가서 예배를 드리러 왔다고 하면 교회에서는 천 원을 주면서 돈을 주었으니 어서 교회에서 나가라고 한다고 했다. 돈을 구걸하러 온 것이 아니고 예배를 드리고 싶어서 왔다고 하면 천 원을 더 얹어서 이천 원을 줄 테니 제발 나가라고 하고, 그래도 예배 드리겠다고 하면 교회에서 사람을 불러 강제로 내쫓는다고 한다.

교회는 그들에게 문이 열려 있는가? 여러 날 씻지 못해서 더

러운 모습과 냄새나는 그들이 다 떨어진 담요나 옷가지를 싸들고 주일날 교회로 예배 드리러 갈 때 그들을 반갑게 맞이할 교회가 과연 몇이나 될까? 그래서 그들은 스스로 교회에 가지 못한다. 이미 교회의 문턱이 얼마나 높은 줄 알기 때문이다.

그런데 그들이 수치를 느끼지 않고 교회에 갔다가 문전박대 당하지 않고 하나님을 마음껏 찬양하며 하나님의 말씀을 들을 수 있는 예배를 드릴 수 있는 유일한 곳 남대문 지하 도로! 나는 그곳에서 예배를 인도하는 목사다. 이 예배는 하나님이 그들에게 베푸시는 가장 큰 긍휼함의 증거가 아니겠는가. 냄새나는 노숙자 천 명이 내가 사랑하는 성도이고, 오물 냄새로 찌든 지하 도로, 그곳이 나의 교회이다.

언젠가 예배가 끝나갈 무렵 한 노숙자가 헌금을 했다. 그 헌금을 건네 받는데 왠지 뜨거운 눈물이 왈칵 솟아올랐다. 부자의 몇 억보다 더 많은 것을 낸 노숙자의 헌금 천 원. 그는 자신의 것 전부를 넣었으리라!

예배에는 생명이 있다. 생명이 있는 예배에는 변화가 있다. 노숙자들에게 아침 급식을 나누기 전에 드려지는 예배는 그들을 변화시키고 있다. 불평과 분노로 가득 찼던 그들의 입술에서 이젠 감사가 나온다. 서로 싸우며 새치기 하던 그들의 줄서기가 변하여 걷지 못하는 할아버지를 자기 앞에 세워 주는 양보의 줄서기가 된 것이다.

그들의 줄서기는 그들의 밥그릇이다. 사람은 많고 준비된 음식의 양은 턱없이 부족하다 보니 바로 자기 앞에서 음식이

8000여 명이 운집한 서울역에서 급식 순서를 기다리고 있는 노숙자들

떨어질 수도 있기 때문이다. 그런데 그들은 자신의 밥그릇을 불쌍한 노인들에게 기꺼이 내준다. 국회의사당에서 국회의원들이 멱살을 잡고 싸우는 이유가 혹시 밥그릇 때문이라면 노숙자들이 자신보다 연약한 자를 줄에 끼워 주는 사랑과 양보에 비추어 보면 너무 부끄러운 수치가 아닐 수 없다.

눈물로 드리는 찬양이 있고, 하나님의 말씀이 선포되고 하나님께 감사하여 드리는 헌금이 있고, 나보다 연약한 자에게 나의 자리를 내주는 긍휼과 사랑이 있는 예배, 그 예배는 새벽에 거리에서 드려진다. 주님은 이른 새벽 서울역 지하 도로에 찾아오셨다. 주님은 누구를 찾으러 오셨는가? 신령과 진정으로 예배하는 자를 찾으려니 그곳에 오실 수밖에 없으셨을 것이다.

빈자리

처음 한국에 발걸음을 내딛을 때는 한국이 어느 정도 자리가 잡히면 누군가 내 자리를 대신할 수 있으리라 생각되었다.

그러나 한국은 날이 갈수록 노숙자의 숫자가 감당하기 어려울 만큼 늘어났다. 또 한국 음식은 최소한 줄여도 밥과 국과 김치를 주어야 했으니 천개가 넘는 숟가락, 밥그릇, 국그릇 등이 준비되어야만 했다. 일의 비중이 많다 보니 나는 어쩔 수 없이 한국에 있는 시간이 많아질 수밖에 없었다. 부활절이 다가오자 부득이 미국에 들어가야 했다. 그동안 내가 미국에 들어가게 되면 한국 사역은 유정옥 사모가 맡아 주었는데 이번엔 유사모도 미국 동부에서 간증 집회 초청이 있어서 노숙자 아침 급식 사역이 빈자리로 남을 수밖에 없는 딱한 처지였다. 나와 같이 이 사역을 돕고 있는 자원 봉사자들은 사역은 자기들에게 맡기고 염려 말고 다녀오라고 했지만 마음이 놓이지 않았다. 이 빈자리를 누구에게 맡길 수 있단 말인

가. 대책 없이 시간은 가고 나는 할 수 없이 자리를 비워 두고
미국으로 떠날 수밖에 없었다.

미국에 도착하니 내가 한국에 나가 있는 동안 이전도사와
프레디가 나의 빈자리를 물샐틈없이 지키고 있어서 어느 곳
하나 소홀함이 없이 지켜지고 있었다. 그것을 보면서 왠지 한
국 사역도 나의 빈자리를 주님이 지켜 주실 것이라는 확신이
왔다. 친구인 예일교회 유인택 목사와 이 사역 초기부터 내
곁에 함께 있어 준 금기중 집사에게 세밀하게 사역 보고를 받
았다. 이번에 한국에 나가면 어찌하든지 노숙자들에게 줄 밥
과 국을 끓일 수 있는 주방을 겸비한 센터를 마련해야 되겠다
고 마음 먹었다. 그러나 그 비용을 어디서 마련할 것인가?

가슴이 타는 두 주일간의 미국 일정이 끝나고 한국으로 돌
아온 나는 내가 비워 놓고 간 자리를 통하여 새로운 일을 이
루신 주님의 손길을 만날 수 있었다. 내가 없는 동안 자원 봉
사자들은 더욱 성숙해져 있었다. 이젠 다른 어떤 사람의 일이
아니라 자신들의 일로 자원 봉사자 한 사람 한 사람의 책임감
으로 자리잡고 있었다.

노숙자 사역을 널리 알려 그곳에서 많은 후원금을 받아 왔
다. 우리는 그 후원금으로 드디어 그토록 마음에 소원하던 밥
과 국을 끓일 수 있는 주방과 노숙자 재활을 위한 센터를 마
련할 수 있게 되었다.

나는 더 이상 미국이든 한국이든 나의 빈자리를 염려하지
않는다. 우리가 자리를 성실히 지키는 가운데서 함께 하신 주

님은 우리의 빈자리를 통해서도 역사하시고 일하시고 계시기 때문이다. 내가 이 일을 해야 한다는 책임감이 자칫 나만이 이 일을 할 수 있다는 자만심으로 흘러가면 안 된다. 내가 없는 빈자리는 주님이 주님의 방법으로 대신 일해 주시는 자리이다. 그래서 우리는 어느 곳에 머물든지 그 일에 최선을 다하고 성실함으로 일하는 것만이 주님의 일꾼 된 모습일 것이다.

트레이드 마크

컵라면 30개로 시작하여 한 달 후 대형 석유 버너와 대형 국통을 걸고 현장에서 물을 끓여 컵라면 700-800개를 나누던 시간이 지나고 3월부터는 밥을 곁들여 나누어 주다가 우리가 오랫동안 소원하던 밥과 국으로 노숙자들을 섬길 수 있게 되었다. 일산에 센터를 마련하여 주방 시설을 하게 되었다. 가스 시설을 하고 대형 가스 밥솥과 국통을 준비하고, 천 개의 그릇과 수저, 음식을 나르는 보온 국통과 밥을 담을 수 있는 그릇, 물통 등 신접 살림을 하듯 하나하나 구입하는데 준비해야 하는 물건들이 끝이 없었다. 필요한 물품은 많고 돈은 턱없이 모자라니 어쩔 수 없이 중고 물품을 살 수밖에 없었다. 밥과 국을 줄 수 있게 하는데 필요한 물품을 구입하고는 비록 중고 물품일지라도 모든 것을 준비하게 하신 주님께 감사했다. 내 마음은 어린 시절 소풍 가기 전날처럼 설레어 잠이 오지 않았다. 혹시 제 시간에 일어나지 못하면 천 명에 달하는

노숙자들에게 줄 음식 마련이 안 되는 것이니 잔뜩 긴장할 수
밖에 없다. 자명종을 해 놓았으나 수없이 일어나고 눕고 또
일어나기를 거듭했다.

새벽 2시 30분에 일어나 가스 밥솥에 불을 붙였다. 그런데
아무리 누르고 또 눌러도 가스 불이 붙지 않는다. 고장이 난
모양이다. 이럴 때의 난감함은 성격이 급한 나에게 가장 견디
기 힘든 일이다. 중고지만 새 것과 다름이 없다고 호언장담하
며 물건을 판 그 장사꾼이 생각할수록 미워진다. 가스 밥솥,
전기 밥솥 20여 개의 대형 솥에서 엄청난 열기가 뿜어져 나온
다. 오늘은 어쩔 수 없이 작동하지 않는 가스 밥솥 때문에 두
번 밥을 해야 했다. 마음이 급해진 나는 무거운 가스 밥솥을
조심하지 않고 내리다가 그만 팔을 데우고 말았다. 뜨거울 대
로 뜨거워진 밥솥은 여지없이 내 살을 지졌다. 이내 물집이
잡혔고 데인 상처에서 느끼는 쓰라림이 참을 수 없는 아픔으
로 느껴져 온다.

언젠가 "소림사"라는 중국 영화를 본 일이 있는데 소림사
무술 훈련을 마치고 나면 펄펄 끓는 가마솥을 들어 올리는 장
면이 있다. 그 솥에 용의 무늬가 그려져 있는데 그 솥이 뜨거
운 인두처럼 살을 태우며 그 무늬로 각인되었을 때 소림사 무
술을 마친 증거가 된다. 그날 데인 화상은 한 달 이상을 앓더
니 검은 흉터로 남고 말았다. 이렇게 우리 '소중한 사람들' 의
자원 봉사자들은 나를 필두로 해서 팔에 가스솥을 들어 올리
고 내리다가 살을 데인 상처들이 늘어간다. 화상이 나으면 그

살의 색깔이 침잠되어 검게 남는다. 여러 번 여기저기 데이면 하얀 팔은 마치 피아노의 건반과 같이 죽죽 줄이 그어진다. 우리는 이 흉터를 '소중한 사람들'만이 갖는 트레이드 마크라고 하며 웃는다. 나는 말할 것도 없고 유목사, 최목사, 유사모, 허집사, 김집사, 이집사, 서집사…, 우리 자원 봉사자들의 팔에는 여지없이 너나 할 것 없이 누구나 이 마크가 있다. 가스 밥솥에 사정없이 지져진 마크 말이다. 그런데 이 마크를 팔에 받을 때 그들의 얼굴은 마냥 행복해 보이는 이 아이러니를 누가 알랴!

다른 이는 쓸 수 없는 방법으로

아침 식사 배식을 하던 남대문 5가 지하 도로는 삽시간에 난장판이 되었다. 얼굴이 새파랗게 질린 방송국 여기자가 말했다.

"목사님! 저 어떻게 해요? 저 사람이 제 카메라를 뺏고 나를 가만히 놔 두지 않겠다고 저렇게 따라오고 있어요."

나는 그 여기자를 자원 봉사자 한 사람에게 부탁하여 숨도록 했다. 그랬더니 그 여기자를 내 놓으라고 술에 취한 노숙자가 계속 행패를 부리는 것이었다. 노숙자들이 가장 싫어하는 것이 사진 찍히는 것이다. 그래서 신문이나 TV에서는 노숙자들의 얼굴이 나오지 않도록 뒷모습이나 흐린 모습으로 처리한다.

모 방송국에서 우리가 서울역 노숙자들에게 예배를 드리고 아침 식사 제공을 하는 것을 취재하러 나왔고 노숙자들에게 사전 양해를 구했다. 그러나 노숙자 한 사람이 자기 얼굴이 찍혔다고 오해를 했고, 여기자의 카메라를 빼앗아 부셔 버리겠다고 쫓아다닌 것이었다. 여기자를 놓쳐 버린 노숙자는 얼굴에 노기가 등등하여 이제는 맹수처럼 나에게 달려 들었다. 여기자를 안 내 놓으면 다 죽여 버린다며 국통을 발로 차서 그 국통에 맞은 여집사는 금방 다리가 퉁퉁 부어 오르고 절뚝거렸다. 나에게 행패를 부리는 것은 참을 수 있지만 자원 봉사자들이 그의 행패에 속수무책으로 당하는 것은 도저히 참기 어려웠다. 내 가슴 저 깊은 곳에서부터 울컥 올라오는 분노를 겨우 삭히고 있는데 이번엔 나에게 행패를 부리기 시작했다.

"네가 목사야? 네가 책임자면 당장 그 년을 내놔!"

자원 봉사자 중에 한 사람이 나에게서 그를 떼 내어 밖으로 데리고 가려고 실랑이를 벌였다. 나는 그에게 당부했다. 그 사람이 어떻게 나오든지 대적하지 말고 당하는 것이 이기는 것이라고….

자원 봉사자인 금집사는 한 시간 이상 그의 행패를 몸으로 다 받아 내면서 배식이 끝날 때까지 그가 우리의 배식 장소에 접근하지 못하도록 지키고 있었다. 지친 모습으로 나타난 자원 봉사자는 말했다.

"목사님! 나 같으면 한 주먹 감이지만 목사님이 그 방법은 안 된다고 하셨기에 다른 이는 쓸 수 없는 방법으로 한 시간을 버텼지요. 목사님이 참으시는데 저야 당연히 참아야죠."

나는 그가 얼마나 참기 힘든 시간을 보냈는지 알 수 있었다. 나의 가슴에서도 수없이 주먹이 오르고 내렸기 때문이다.

그러나 한편 노숙자들이 자신들을 팔아서 유명해진 누구 같은 놈들이라는 그의 말에서 가슴 깊은 곳에 불신을 가지고 있는 것이 이해되기도 했다. 그런데 우리들의 이 모든 광경을 지켜보던 노숙자들이 이렇게 말했다.

"저런 행패를 끝까지 참아 내는 것을 보니 저들은 가짜가 아니고 진짜야!"

주님은 다른 이가 쓸 수 없는 방법을 우리에게 가르쳐 주신다.

"선으로 악을 이기라고."

열 두 광주리 가득히

우리네 인생의 시간들이 아침에 잠깐 있다가 사라지는 안개라 하였다. 쏜 화살같이 날아가는 시간은 정말 어찌나 빠른지….

처음 노숙자 사역을 시작하던 1월의 겨울은 코끝이 얼어붙어 그들도 나도 자원 봉사자들도 모진 추위에 몸을 떨었다. 그때 걸린 동상이 5월이 되어서야 풀렸는데 7월에 들어서니 이젠 더워서 뜨거운 밥과 국으로 나누는 일이 여간 어려운 일이 아니다. 자원 봉사자들과 서로 좋은 의견을 물었더니 비빔밥으로 하자는 의견이 나왔다. 그러나 지금의 밥과 국과 김치에 비해 비빔밥으로 하면 여러 가지 반찬 마련이 가장 문제다. 자원 봉사자들도 그 어려움을 안다. 그러나 모두들 우리가 힘든 것에 맞추지 않고 노숙자들에게 좋은 것을 택하려 했다. 얼마나 고맙고 아름다운 마음들인지 가슴이 찡하다. 그날부터 전쟁을 치르는 것 같은 비빔밥 만들기가 시작되었다. 배추 김치와 무우 생채는 금요일에 김장을 하듯 많은 배추와 무

우를 사서 하루 종일 담근다. 토요일엔 마장동에 나가 고기를 받아온다. 그 많은 사람에게 줄 고기를 토요일마다 기증해 주는 분이 계시다. 그 마음이 너무 고마와 그 분을 위한 간절한 기도로 감사한 마음을 대신하고 있다. 열 박스 분의 콩나물을 무치고 고기를 볶고 최고로 맛있는 고추장을 곁들인다. 또 비빔밥에 맞는 국을 준비한다. 반찬이 많아지면 그만큼 배식도 어렵다. 적은 수가 아니고 천 명이 넘는 수이니 무엇 하나 더 하려면 늘어나는 일이 조금은 두렵다.

그러나 마음의 엇갈림은 잠깐이고 노숙자들이 비빔밥을 얼마나 맛있게 먹는지 그동안의 힘든 과정을 새까맣게 잊게 된다. 주님이 먹이신 오병이어의 현장엔 먹고 남은 음식이 열두 광주리 가득하였다고 했는데 배식이 끝난 서울역 지하 도로에는 쓰레기와 설겆이가 산더미 같이 쌓인다. 국그릇과 밥그릇이 이천 개가 넘고, 천 개가 넘는 숟가락과 대형 보온 국통, 동이 난 김치통….

산더미같은 크고 작은 그릇들이 이삿짐보다 많으니 좁은 봉고에 싣고 남은 것은 자원 봉사자들의 승용차에 싣게 되는데 나는 이때가 가장 미안하다. 왜냐하면 여러 가지 혼합된 음식물 냄새가 일주일 동안 가시지 않으니 그 승용차는 사업 업무용 차이기 때문이다. 어서 트럭이 준비 되어야 할 텐데…. 그러나 한 번도 불평없이 마다 하지 않고 승용차를 짐차로 내주는 그들이 너무 고맙다.

여름 한철 몹시 무더울 때만 하려던 비빔밥을 겨울이 다가

소중한 사람들, 자원 봉사자들

오는 지금도 하고 있다. 그것은 노숙자들에게 사시사철 별미
이기 때문이다.

산더미같은 설거지를 하면서 어느 집사가 말했다.

"목사님! 다음에는 비빔밥 하지 말아요. 그릇에 고추장이
묻어서 설거지하기도 몇 배나 힘들어요."

이렇게 말한 그 집사는 한 주일이 지나기 전에 음식 장만이
나 설거지의 고달픔을 다 잊어버리고 또다시 비빔밥에 쓸 무
우 생채를 힘차게 버무리고 있다. 이들의 따뜻하고 변함없는
사랑이 있어 노숙자들의 별미인 비빔밥은 계속 만들어지고
있다.

06 나의 사랑! 나의 기쁨! 나의 면류관인 소중한 사람들

"노숙자를 만나는 우리의 마음이 그들을 우리가 만나는 가장 소중한 사람으로 여기고 섬기며 행동해야 한다고 마음 먹었다. 그들이 비록 하나님의 형상을 잃어버리고 망가지고 이지러졌다 할지라도 그들은 여전히 하나님께 소중한 사람들이다."

"다른 목사들에게 교회가 성도가 그들의 사랑이고 기쁨이고 면류관이듯이 나에게는 이 세상에서 가장 외롭고 가장 춥고 가장 배고픈 서울역 노숙자들이 나의 교회며 나의 성도이기에 나는 그들을 향하여 이렇게 고백하고 싶다. 당신들은 나의 사랑! 나의 기쁨! 나의 면류관!"

둥지

집 잃고 갈 곳 없이 거리로 내몰린 사람들이 끝이 보이지 않게 많으니 날이 갈수록 그 수는 늘어만 간다. 그래도 여름엔 일용직이라도 얻어 일을 하던 사람들이 가을이 깊어지면서 일감이 현저히 줄어들었는지 하루하루 노숙자의 수가 늘어가는 것을 그들과 같은 현장에 있는 나는 금방 알아차릴 수 있다. 이제는 천 명이 넘는 노숙자들이 아침 급식을 받으러 우리에게로 온다. 늘어나는 음식량을 일산 센터 하나로는 감당할 길이 없어 서울 근처에 센터를 알아보러 다녔다.

천이백 명에게 먹일 음식을 준비할 주방 시설과 노숙자 중에서 재활하려는 의지를 가진 사람을 재활 훈련 시킬 장소와 몸이 성하지 못하여 움직이지 못하고 밥조차 얻어 먹지 못하는 노인들이 생활할 수 있는 숙소가 필요했다. 그러나 그만한 규모의 센터는 우리로서는 엄두가 나지 않았다. 너무 엄청난 돈이 필요했고 막상 돈이 준비되었다 할지라도 노숙자라는

이야기만 나오면 건물 주인들이 세를 주지 않아 번번히 거절
당하기 일쑤였다. 이런 난감한 처지에서 기도하던 중 서울 노
원구 중계동의 하나로교회에서 교회 건물의 반인 90평을 우
리 "소중한 사람들" 재활센터로 선뜻 내주었다. 꿈인지 생시
인지….

　나는 하나로교회에서 내놓은 센터에 현지 답사차 갔다가
놀라움을 금치 못했다. 이곳은 벌써 10년 전부터 센터로 쓰기
위해 준비된 곳 같았다. 이곳은 10년 전에 하나로교회에서 은
행빚 때문에 월세를 내놓았는데 세를 든 입주자가 찜질방으
로 꾸며 놓은 곳이다. 찜질방이 대형화 되면서 사업이 안 되
자 찜질방으로 운영하던 그대로 두고 나갔다. 그 후에 목사
사택과 교회 부대 시설로 사용되고 있었던 곳이었다. 20명 이
상이 목욕을 하던 목욕탕에 주방을 설치하니 일품이다. 별다
른 새로운 시설을 하지 않아도 사방 곳곳에서 수도물이 나오
니 설거지하기도 좋고 분담해서 일을 하는 데는 더 말할 나위
가 없다. 황토와 세라믹 돌로 꾸며진 방이 5개인데 갈 곳 없는
이들의 숙소로는 최상의 시설이다. 하나님께서 이미 허락하
셨는데 우리가 지체할 수는 없다. 그래서 곧바로 재활 의지를
가진 노숙자들을 입주시켰고 갈 곳 없는 할아버지들을 센터
에 모셨다.

　"집 잃은 사람들의 쉼터"라고 현관 유리문에 붙이고 그들에
게 필요한 침대며 이불 등을 준비하면서 주님께서 집 잃고 갈
곳 없는 이들이 깃들 따뜻한 둥지를 만들고 계신 손길을 느낄

소중한 사람들 재활센터 오픈 예배 (2005. 9. 11)

수 있었다.

　이제 이곳에서 서울역 노숙자 천 명에게 나누어 줄 음식을 만들 것이며, 삶을 절망 가운데 내던져 버렸던 노숙자들이 다시 정상적인 사회인으로, 가정인으로 복귀하기 위한 재활센터가 될 것이다. 또한 가족에게조차 버림받아 병든 몸으로 움직이지 못하는 할아버지들이 여생을 편히 보낼 수 있는 쉼터가 될 것이다.

　"여우도 굴이 있고 하늘 나는 새도 거할 처소가 있지만 인자는 머리 둘 곳이 없다"고 하시던 주님은 머리 둘 곳이 없는 사람들의 아픔과 고통을 너무 잘 알고 계시기에 그들을 위한 둥지를 마련해 주신 것이다. 이 둥지에 인생에 비 맞은 불쌍한 영혼들이 모여들 것이며 이 둥지는 그들을 품어 주고 다시

살아나게 할 것이다. 나는 앞으로 이런 쉼터가 계속 세워지기를 소원한다. 한 교회에서 갈 곳 없는 주변의 이웃들에게 교회의 여러 개의 방 중에 하나만 열어 준다면 이 쉼터는 계속 세워지는 것과 다름이 없다. 그 꿈을 가슴에 품은 나는 늘 설레이고 행복하다.

만남과 헤어짐

　　재활센터가 세워지고 많은 사람을 만났
다. 센터의 첫 입주자는 L.A. 우리 센터에
서 1년 간 기거했던 유민자 씨였다. 그녀는
L.A.에 있을 때는 어린아이처럼 한국에 나가겠다고 졸라댔
다. 우리는 그가 센터에서 밥을 하며 봉사하였기에 그의 부탁
을 들어주기로 하고 한국행 비행기를 태워 보냈다. 그런데 한
국에 알아보니 영주권에 문제가 있어서 다시 미국에 들어가
지 못하고 친척집을 전전하다가 내가 한국에 와 있다는 소식
을 듣고 무작정 짐을 들고 찾아왔다. 그녀는 두 번의 이혼으
로 마음의 상처를 받아 정신적으로 어려움이 있는 사람이다.

　　두 번째 입주자 역시 미국에서 쫓겨난 박경철이라는 분이
다. 그는 서울역 노숙자 아침 급식을 나누는 자리에서 만났다.

　　"목사님! 제가 미국에서 저도 알 수 없는 재판에 연루되어
변호 한 번 제대로 못하고 감옥 생활을 하였습니다. 퇴소하는
날로 한국으로 추방 당했는데 갈 곳이 없습니다."

그가 딱한 자신의 처지와 새롭게 살려는 의지를 우리에게 보였기에 우리는 그를 받아들이기로 했다. 박씨는 자기에게 그림 그리는 취미가 있는데 화구와 그림이 용산에 있으니 그것을 이곳으로 옮기고 싶다고 말했다. 그때는 센터를 새로 꾸미고 수리하는 중이어서 한 시간의 여유도 없이 바빴지만 그의 유일한 재산이고 소원이니 들어주리라 마음 먹고 하루를 시간을 내어 그의 그림을 운반해 주었다.

세 번째 입주자는 전에 어느 조폭에 가담되어 있었는지 온몸에 문신을 휘감은 문씨였다. 우리 센터에서는 비교적 모든 부분에 입주자들이 자유롭게 행동하게 해 주지만 바로 퇴소해야 하는 사항은 술을 먹고 난동을 부린다든지 다른 사람에게 폭언 폭행을 하는 것이었다. 그런데 어느 날 아침 박씨는 어젯밤 문씨가 술을 먹고 난동을 부려서 죽음과 같은 공포의 밤이었다고 말했다. 주변의 다른 사람들도 어젯밤 문씨가 바지를 벗고 동네를 돌아다녔다고 전해 왔다. 문씨는 자기 잘못이 나에게 알려진 것을 알게 되었는지 그날부터 나타나지 않았다.

문씨가 나가고 서울역 노숙자 중에서 오씨가 들어왔다. 그는 노숙자가 되기 전에 술을 하도 먹어서 몸에 심각한 병이 났기 때문에 술은 입에도 대지 않는다고 했다. 오씨가 들어오니 박씨의 태도가 이상해졌다. 마치 며칠 먼저 들어왔다고 텃세를 하는 것 같기도 하고 동물의 세계에 있는 영역 싸움 같은 기운이 보였다. 아니나 다를까 어느 날 박씨의 대단한 술

주정이 시작되었다. 나에게 입에 담지 못할 욕을 하는 것은
물론이고 심지어는 칼을 던져 자기 그림을 갈기갈기 찢으면
서 우리를 위협했다. 이럴 때 내가 그에게 약하게 보이게 되
면 그들은 더욱 난폭해지는 것을 경험했었다. 그들은 약한 자
에게 더욱 난폭해지고, 강한 자에게 여지없이 비굴해진다. 그
래서 그에게 맞섰더니 이 광경을 보게 된 자원 봉사자가 경찰
에 신고를 한 모양이다. 경찰이 나타나니 언제 그런 난동을
부렸는가 금방 얌전해지고 조용해졌다. 경찰이 돌아가면 다
시 난동을 부리기를 여러 번…. 결국 사태가 심각하지 않다고
판단한 경찰이 지켜보는 가운데 바씨는 떠났다.

　이젠 오씨가 남았고 움직이는 것조차 불편한 할아버지 한
분과 하계역 근처 공원에서 노숙하던 75세가 넘은 김씨 할아
버지가 새롭게 입주하였다. 청년부들이 공원에서 데려온 20
세의 기태는 열흘을 숙소에서 지내다가 주유소에 취직하여
나갔다. 이렇게 만남과 헤어짐이 계속되는 곳에서 그들이 변
화되어 조금이라도 형편과 사정이 좋아지면 나의 마음은 기
쁘고 즐거우나 그들이 변화되지 않고 또다시 뒹굴던 자리로
되돌아가면 나에게는 깊은 상처가 남는다. 그러나 내 가슴에
골이 패이도록 상처가 남는다 해도 나는 그들의 99% 불가능
을 보지 않고 1%의 가능성을 바라고 믿는다. 내가 주님 앞에
서 그런 사람이었기 때문이다. 오씨만은 오래오래 이곳에 머
무르고 재활하여 이 센터의 첫 열매가 되어 주었으면 하고 그
를 마음에 담았다.

한밤중의 소동 · 1

11월 추수감사절과 12월 성탄절을 앞두고 미국 거리선교회 일을 하기 위해서 10월 4일 미국으로 출국하였다. 여장을 풀고 곤하게 자고 있던 새벽에 전화벨이 요란하게 울렸다.

"수철 킴인가?"

"나는 LAPD인데 밖으로 나와라!"

한밤중에 느닷없이 걸려온 전화에 잠이 싹 달아났다. 나는 그에게 이유도 묻지 못한 채 다급하게 딸아이를 깨웠다. 옷을 갈아입는 사이 밖에서 문을 두드렸다. 문을 열자마자 무장한 경찰 세 명이 집안으로 들어섰다. 여차하면 총을 쏠 태세다. 영문도 모른 채 우리 식구들은 새파랗게 겁에 질렸다. 우리 집은 삽시간에 경찰에 포위되어 있었다. 밖으로 나간 나는 둘째 딸아이를 통역으로 세웠다. 영어에 서툴러 예기치 않은 불상사가 일어날 수도 있기 때문이었다.

일의 경위가 드러나면서 이 모든 일이 마이클에서 비롯된

것을 알게 되었다. 마이클이 센터에 세워둔 밴을 가지고 나가
이틀째 들어오지 않았다는 것이 마음에 걸렸다. 마이클은 내
가 한국에 나간 사이 이전도사의 허락을 받고 내 차를 타고
직장에 출근했다가 마약이 하고 싶어서 다운타운에 나가 친
구들과 마약을 함께하고는 정신을 잃었다고 한다. 함께 마약
을 하던 흑인 친구들이 그 차를 몰고 다른 곳에서 마약을 하
다가 경찰에 적발되었고, 차 소유주를 추적하여 내 집까지 찾
아온 것이다. 나를 마약 딜러로 생각한 것이다. 그래서 밤에
우리 집을 경찰이 급습한 것이다.

　내가 마이클을 처음 만난 곳은 다운타운의 부랑자의 거리
에서였다. 아침에 예배를 드리고 식사를 배식하는데 거기에
마이클이 끼여 있었다. 옷은 남루하고 여러 날 동안 샤워를
하지 않았는지 고약한 냄새가 났다. 그곳에 한인들이 가끔 눈
에 띄기는 했어도 아주 드문 일이라 그를 센터로 데려오고 싶
었지만 그가 원할 때까지 기다리는 것이 좋겠다는 생각에 며
칠간 그냥 지켜보기로 했다.

　그는 다행히 차 안에서 생활하고 있었다. 한인들이 홈리스
가 되는 이유는 대부분 마약 때문인지라 그도 역시 마약 중독
자라는 것을 미리 알아차릴 수 있었다. 며칠 동안 그를 지켜
보던 성탄절이 가까운 주일, 뉴 호프 채플이 거리로 나와 홈
리스들과 주일 예배를 드리던 날, 드디어 그는 나에게 도움을
청했다. 재활의 길을 걷고 싶으니 나에게 도와달라는 것이었
다. 그 말이 나오기를 얼마나 기다렸던가! 그러나 나는 내색

을 하지 않고 진지하게 물었다. 정말 너에게 마약을 끊고 싶은 의지가 있느냐고 되물었다. 그는 의지가 담긴 눈으로 그렇다고 대답했다. 마이클은 재활센터에서의 생활을 그렇게 시작하였다.

마이클은 상당히 쾌활하고 좋은 성품을 가지고 있었지만 성격적인 문제가 많았다. 그것은 지우고 싶어도 지워지지 않은 그의 어릴 적 기억이 그에게 깊은 상처로 남아 있었기 때문이다. 마이클이 어렸을 때 그의 어머니가 약을 먹고 어린 아들 앞에서 죽어 간 것이다. 알코올 중독자였던 그의 아버지는 아내가 약을 먹고 자살을 시도한 그 시간에도 아무런 손을 쓰지 않아 어머니가 죽게 내버려 두었던 무능력한 사람이었다. 어린 소년이었던 마이클은 약을 먹고 죽어 가는 어머니의 비참한 모습을 목격하면서 얼마나 몸서리치도록 두려웠을까! 그 아픈 기억을 지우지 못하여 마약으로 그 상처를 잊으려 했고, 결국 마약 중독자가 되어 길바닥으로 나오게 된 홈리스였다. 마이클은 미국에서 어릴 때부터 공부를 시작하여 고등학교까지 나와서 컴퓨터와 영어 번역을 통해 우리의 사역을 많이 도와주었다. 그가 허가를 신청해서 우리 거리선교회는 건립 후 처음으로 미국 기관에서 기부를 받게 되었다. 그것은 어찌하든지 홈리스 사역을 도우려고 수고하고 애쓴 마이클 덕분이다. 이은주 전도사와 나는 그를 좋은 일꾼으로 만들어야 한다는 꿈에 부풀었다.

그러나 사람을 변화시킨다는 것은 역시 쉬운 일이 아니다.

그는 매니저 프레디와 말다툼을 하고 담을 뛰어넘어 센터를 나갔다. 하루 뒤에 뉘우치고 다시 받아 달라고 해서 용서해 주기를 여러 번 거듭하였다. 어느 날은 센터 사무실에 있는 디지털 카메라를 가지고 나가 버렸다. 그 일이 있은지 한 달 후에 새로운 디지털 카메라를 들고 다시 센터에 찾아왔다. 마이클이 가지고 나간 디지털 카메라는 팔아먹은 후 양어머니에게 사정을 해서 새로운 디지털 카메라를 사가지고 센터로 찾아온 것이다. 우리는 그가 어떤 잘못을 하고 센터를 나갔던지 그가 센터로 돌아오기만 하면 다시 그를 받아들여 주곤 하였다.

내가 한국 노숙자 사역을 위해 한국에 머무르면서 모든 일을 이전도사에게 맡겼었다. 한국에서 돌아와 이전도사와 통화를 하였는데 마이클이 어제 내 차를 타고 나가 들어오지 않았다는 것이다. 왜 마이클에게 차를 빌려 주었냐고 했더니 한 달 전부터 너무 성실하게 일을 잘하고 달라져서 오늘 차를 쓸 일이 있다고 해서 빌려 주었다는 것이다.

다행인지 불행인지 마이클은 친구들과 마약을 하고서는 정신을 잃어서 경찰에 체포되지 않았고 사건 하루 후에 이전도사에게서 연락이 왔다. 나는 이전도사에게 그렇게 계속 용납하다가는 센터의 규율이나 다른 사람들에게 좋지 않은 영향을 끼칠 수 있다는 우려를 표했지만 이전도사는 잘못을 뉘우치며 돌아오는 마이클을 거리로 내칠 수는 없지 않겠냐고 했다. 우리는 결국 마이클을 다시 받아들이기로 했다. 마약은

이토록 한 번 붙들린 사람을 절대로 놓지 않고 멸망으로 끌고 간다. 그러나 우리는 마이클이 반드시 마약에서 끊어져 새롭게 변화된 사람이 될 것을 믿는다. 왜냐하면 우리 구주 예수 그리스도의 사랑은 마약보다 천 배 만 배 더 끈질기기 때문이다.

> "누가 우리를 그리스도의 사랑에서 끊으리요.
> 환난이나 곤고나 핍박이나 기근이나 적신이나
> 위험이나 칼이랴. 높음이나 깊음이나 다른 아
> 무 피조물이라도 우리를 우리 주 그리스도 예
> 수 안에 있는 하나님의 사랑에서 끊을 수 없으
> 리라." (로마서 8:35, 39)

무장한 경찰이 총을 들이대며 난데없이 우리 집을 포위하고 수색하는 한밤중의 소동이 또 일어날지라도 우리는 기꺼이 마이클을 다시 받아들일 것이다. 마약보다 수천 배 끈질긴 예수 그리스도의 사랑 때문에….

한 밤 중의 소동 · 2

미국에 도착하자마자 한밤중의 소동을 치
르고 겨우 숨을 가다듬었더니 이번엔 한국에
서 다급한 전화가 왔다. 오씨가 김씨 할아버
지를 때려서 내쫓았다는 것이다. 어떻게 그런 일이 일어날 수
있었는가 물었더니 내가 미국으로 떠나던 날 밤에 오씨가 김
씨 할아버지 방에 들어가 잠들어 있는 할아버지를 발로 차고
때리고 나가라고 호통을 쳤다는 것이다. 김씨 할아버지는 목
사님이 안 계시는데 어떻게 인사도 안 하고 나갈 수 있겠느냐
고 목사님이 돌아오실 때까지 있겠다고 버텼는데 오씨가 할
아버지를 강제적으로 내쫓은 것이다. 센터 책임자는 속이 상
한지 들리지도 않는 작은 목소리로 말했다.

"남자 성도들이 오씨에게 권면하고 또 권면했지만 막무가
내였어요."

그럼 갈 곳 없는 할아버지는 그 밤에 어디로 갔단 말인가.
나는 센터에 연락해서 오씨를 무조건 센터에서 내보내라고

말했다. 그 이유는 재활센터는 세상 단체처럼 힘 있는 자들이 있는 곳이 아니라 힘 없고 의지할 곳 없는 자들과 병들고 갈 곳 없는 이들이 쉬는 곳이기 때문이다. 그들을 내쫓는 어떤 힘도 존재될 수 없고, 존재해서는 안 되기 때문이다.

　서울역 노숙자 중에서 건진 오씨는 그동안 내가 아끼고 마음을 다 준 사람이었다. 그를 처음 보았을 때 그의 눈은 무서우리만큼 난폭해 보였다. 그러나 그런 외모와는 달리 노숙자들에 대한 사랑과 긍휼함을 가지고 있었다. 그가 센터에 들어온 이후에 나는 나의 형을 대하듯 내 옷을 살 때 그의 옷을 사서 주었다. 그가 어떤 일을 하든지 적지 않은 대가를 지불해주었다. 그것은 그에게 일하는 기쁨과 보람을 느끼게 해 주고, 그가 열심히 일하면 돈을 벌 수 있으며, 그런 생활로 성실히 일하면 뿔뿔이 헤어진 가족과도 만날 수 있게 될 것을 알게 하기 위함이었다. 마침 센터가 수리 중이어서 그는 한 달동안 일당 인부일을 할 수 있었다. 그 일을 하면서 번 돈으로 그는 말소된 주민등록을 다시 회복했고, 안경을 장만하여 안 보이던 눈이 잘 보인다고 자랑했다. 또 내가 사준 옷이 아니라 자신이 직접 산 옷으로 멋진 신사가 되었다. 어느 날은 휴대폰을 갖고 들어오더니 자기에게 왜 전화를 안 하냐고 투정하기도 했다. 어렸을 적에 어머니가 음식점을 해서 그 일을 도왔던 경험이 있어 부엌일을 잘하는 그는 정말 여자보다 일도 잘할 뿐 아니라 무척 깨끗했다. 나는 그에게 센터 식구들을 부탁했다. 물론 내가 하루의 긴 시간을 센터에서 일하지만 내가 없는 시간에는 그 외에는 힘을 쓸 사람이 없으니 그럴 수밖에 없다.

그런데 나와 같이 있을 때는 기색도 없다가 내가 센터에서 나가면 맹수처럼 변하여 센터 식구들을 괴롭혔던 것이다. 다른 사람들은 그가 한 일을 보고도 못 본 척하고 죽은 듯이 있었지만 키가 큰 김씨 할아버지는 오씨를 감시하는 눈초리로 보여졌는가 보다. 오씨는 입버릇처럼 할아버지를 내쫓고 말겠다고 별렀고, 그에게서 가장 고치기 어려운 것은 약한 자를 폭행하려는 심사였다. 나는 마음이 놓이지 않아 미국에 떠나 있는 동안 할아버지에게 한 마디라도 욕을 하거나 손을 대면 그 날로 오씨가 먼저 나가야 한다고 경고하고 길을 떠났다. 그런데 길을 떠난지 하루를 지나지 않아 그런 일을 저지르다니!

또 오씨가 떠났다. 떠나기 싫어서 이를 갈고 자기가 이 센터와 "소중한 사람들"에게 얼마나 중요한 사람인데 자기가 없으면 노숙자 급식도 못하고 센터는 아무 일도 못할 텐데 목사님이 자기를 내보낼 결정을 할 리가 없다고 버텼다고 한다.

아! 사람은 왜 이렇듯 어리석은가. 조금만 인정해 주면 교만해지고 주인이 무엇을 원하는지 모르고 자기 뜻대로 날뛰는 어리석은 종의 모습이 되는 것이다. 3개월 동안 애지중지 아꼈던 오씨는 그렇게 떠났다. 내가 한국에 도착하는 날 오씨에게서 전화가 왔다.

"목사님! 목사님이 나를 센터에서 나가라고 한 것이 맞나

요? 내가 얼마나 많은 일을 하고 있었는데요. 나를 왜 나가라
고 했나요? 내가 도둑질을 한 것도 아닌데 무슨 잘못이 있단
말입니까? 나는 잘못한 것이 없어요."

"오씨! 우리 센터에는 당신이 일 잘하는 것이 필요치 않아
요. 우리 센터에는 아무 일도 할 수 없는 사람들이 와 있는 곳
이예요. 그리고 김씨 할아버지를 때려서 내쫓은 일은 도둑질
보다 더 나쁜 짓이예요."

센터에서 쫓겨나 다시금 거리로 돌아가 콘크리트 바닥에서
잠을 자야 하는 오씨는 가을비가 오던 그 밤에 자식같은 오씨
에게 매를 맞고 갈 곳 없이 쫓겨난 김씨 할아버지가 비통하게
우는 소리가 들려오지 않았나 보다. 늦은 가을비가 내리고 하
루하루 추워지는 밤마다 나는 김씨 할아버지를 기다리고 있
고 잘못했다고 회개하고 돌아올 오씨를 할아버지를 기다리는
똑같은 심정으로 기다리고 있다.

당신은 행복자

 회현동사무소 사회복지과에 가서 중증 장애인을 돕는 성금을 냈다. 비록 적은 돈이지만 이 돈은 눈물겨운 감동의 돈이다. 새벽에 노숙자 예배를 드리고 아침밥을 배식한다. 나는 예배 때 노숙자들에게 헌금하는 것을 가르쳤다. 노숙자들은 스스로 자신들은 모든 것을 탕진한 폐물들로 생각하고 있다. 남에게 얻어먹는 거지인 자신들은 남에게 줄 수 있는 것이라고는 아무 것도 없다고 생각한다. 나는 그들에게 자신은 하나님의 자녀이고, 하나님께 소중한 사람임을 깨닫게 해 주려고 안간힘을 쓴다.

그들에게 아직도 남아 있는 것들이 너무 많은 것을 알게 해준다. 무엇보다 움직일 수 있는 건강을 가진 행복을 알게 해주고 음식을 먹을 수 있는 축복을 말해 준다. 그리고 그들도 다른 연약한 사람들을 도울 수 있다는 것을 일깨워 주었다. 그랬더니 아침 급식을 받으러 나오는 탁자에 놓여진 헌금함에 동전을 넣은 것이다. 때로 1000원 짜리 지폐를 헌금하는

서울역에서 노숙자들과 예배드리는 모습

노숙자도 있다. 이렇게 3개월을 모은 노숙자의 헌금 십만 원을 회현동사무소에서 추천한 중증 장애인에게 전달한 것이다. 동사무소에서는 노숙자의 헌금이라니까 너무 희한한 일이라고 우리가 직접 전해 주고 다른 곳에도 알려야 한다고 했다. 그러나 나는 이 소식을 알려서 나만큼 기뻐해 줄 사람은 아무도 없음을 안다. 이 소식을 가장 기뻐할 사람은 내일 아침 그동안 한 푼 두 푼 헌금한 노숙자들 뿐이므로….

나는 손을 가로 저으며 회현동사무소를 빠져 나왔다.

"노숙자! 당신들은 행복자입니다!"

나는 내일 아침 노숙자 예배 때 이 설교를 하려고 마음먹었다.

사랑의 송편 나누기

겨레의 큰 명절인 추석이 다가왔다. 우리 "소중한 사람들"에서는 중계동 영구 임대 주택에 살고 있는 독거 노인들과 중증 장애인, 극빈자들에게 사랑의 송편을 나누어 주기로 정했다. 방앗간에 가서 송편을 해 오고 일회용 도시락통에 송편 15개씩을 넣었다. 600 가구에게 나누어 줄 송편이 마련되었다. 우리는 어느 가정이 극빈자인지 알지 못하니 동회에 가서 알아보자고 하자 유정옥 사모는 주공 아파트에 가서 무조건 벨을 눌러 사람이 나오는 집과 문이 열리는 집이 독거 노인의 집이거나 중증 장애인의 집이거나 극빈자의 집이니 염려 말라고 한다. 왜 그러냐고 물었더니 집에 사람이 없는 집은 노점상이라도 하려고 일하러 나간 집이니 그곳 가구 중에 그래도 경제가 나은 집이고, 문이 열리는 집을 들어가면 거의 중증 장애인이 누워 있을 것이므로 문을 열어 주는 집은 독거 노인의 집이라 했다. 정말로 문을 열고 나오는 가구들이 다 어렵고

쓸쓸한 사람들이었다. 그들은 우리가 주는 송편도 고맙지만 우리가 그들을 찾아간 것이 더욱 고마운 선물이 되었다. 두 사람씩 짝지어 송편을 나눠 주게 했는데 시간이 많이 지나도 봉사자들이 나올 줄을 모른다. 쓸쓸하고 외롭게 추석을 보내야 했던 노인들의 손을 일일이 잡아 주려니 어찌 빨리 나올 수 있겠는가.

얼굴이 빨갛게 상기되어 돌아온 봉사자들은 오늘의 송편 나누기가 정말 보람 있는 일이었다고 하면서 송편이 부족해서 안타까웠다며 내년에는 더 많이 하자고 했다.

나는 미국으로 간 후 여러 해 동안 추석을 잊고 살았다. 몇 년 만에 고국에서 추석다운 추석을 보낸 것이어서 기쁘고 뿌듯했다. 이젠 나와 함께 송편을 같이 나눌 부모님도 돌아가셔서 안 계시니 오늘 참으로 많은 부모님들과 송편을 나눈 셈이다. 내년 추석까지 기다리지 말고 추수감사절에도, 성탄절에도, 설날에도, 아니 이름이 없는 평범한 날에도 우리는 그들과 나누어 먹는 기쁜 날들이 많아져야겠다.

오병이어 콘서트

사람들은 나를 만나면 천 명이 넘는 노숙자를 먹일 그 많은 돈을 도대체 어디서 마련하느냐고 묻는다. 그 질문에 대한 대답은 간단하다. 이 말 밖에 할 말이 없다.

"주님이 항상 주신다."

그것은 미국 거리선교회도 마찬가지이다. "소중한 사람들" 이나 미국의 거리선교회는 아직 일정한 후원 단체나 후원 조직이 변변치 않다. 그것은 우리의 어려움이기도 하고, 때마다 우리를 긴장시키는 것일지도 모르나, 온전히 주님께만 의지할 수 있어서 우리의 가장 큰 강점이기도 하다. 주님께서 우리의 필요를 채우시기 위하여 택하신 방법은 개인이나 교회, 기업체 등 각각 다양하고 많다.

그중 오병이어 콘서트를 소개하고 싶다. 노숙자들에게 음식을 나누어 줄 그릇이 없을 당시에는 컵라면을 주고 그 그릇에 밥을 곁들여 주었었다. 그때는 평촌 새중앙교회에서 서울

오병이어 콘서트에서 "소중한 사람들 사역자들"이 찬양하는 모습

역 노숙자 돕기 컵라면 콘서트를 열었었다. 입장료를 컵라면 으로 받는 것인데, 700-800명 어린이들이 손에 손에 컵라면 을 들고 입장했다. 우리 나라에 있는 컵라면의 종류는 다 들 어왔고 산더미 같은 컵라면을 누가 다 먹을 것인가 아이들은 의아해 했지만 그 컵라면들은 서울역 노숙자들에게 한 끼분 의 식사로 다 없어졌다. 감사하게도 평촌 새중앙교회는 두 번 이나 컵라면 콘서트를 열어 우리를 도왔다.

그 후에 노숙자들에게 밥과 국으로 나누게 되니, 이번엔 주 안중앙교회에서 오병이어 콘서트를 열게 해 주었다. 우선 주 일 저녁 예배 시간에 교회 본당을 내주고, 예배 시간 전체를 우리에게 주신 것이다. 나는 유수한 성가단들에게 부탁을 하 러 다녔다. 인천장로성가단, 한국기독인합창단, 인천남성합 창단, 인천 사랑의 부부합창단, 주안중앙교회 중창단이 협력

출연해 주었다. 출연진만도 250명이 넘는 놀라운 찬양 콘서트가 성대하게 개최되었다. 이번 오병이어 콘서트에서 얻은 큰 성과는 처음으로 시도한 후원 약정서에 250명이 정기적인 후원인이 되겠다고 약정한 것이다. 주안중앙교회에서 적지 않은 후원금과 콘서트 프로그램에 있었던 후원 헌금 모으기를 허락하셔서 전액을 노숙자 후원금으로 주셨다. 주안중앙교회를 비롯해서 기꺼이 찬양 콘서트에 출연해 준 성가단에게 감사한 마음 그지 없다. 또한 우리들 모두를 주님의 큰 품 안에 안으신 우리 주님께 이 모든 영광과 감사를 돌려 드리고 싶다. 그리고 나와 함께 이 일을 돕고 있는 많은 자원 봉사자들에게 나의 이 뜨거운 사랑을 선하고 싶다. 오병이어 콘서트! 이름만이 아니라 진정으로 수많은 굶주린 자들의 양식이 되었다. 할렐루야!

성냥팔이 소녀

내가 한국 노숙자 사역을 할 수 있게 도와
준 동역자 중에 유정옥 사모가 있다. 유 사모
는 20년 동안 낮은 곳에서의 목회 생활을 『울
고 있는 사람과 함께 울 수 있어서 행복하다』라는 제목의 책
으로 출판했다. 이 책은 읽는 사람마다 감동을 주어 예수를
믿지 않던 사람은 예수를 믿게 만들고, 자살하려던 사람은 다
시금 생명을 찾게 만들고, 마음에 상처 받은 자들을 치유하는
등 많은 감동의 역사가 일어나는 책이다. 1년만에 10쇄를 찍
을 정도로 많이 판매되었고 책의 수익금을 노숙자 사역을 위
해 내놓았다. 뿐만 아니라 각 교회와 서울대학, 이랜드, 세브
란스병원 등에 간증 집회 초청을 받아 집회 인도를 하면서 우
리 노숙자 사역을 알려 많은 자원 봉사자가 노숙자들을 섬기
겠다고 찾아오거나 후원금으로 돕고 있다. 2005년 3-4월엔
미국 동부에 있는 여러 교회들의 간증 초청 집회를 인도했는
데 뉴저지 연합감리교회는 부활절 특별 헌금 전액을 노숙자

후원금으로 내놓아 우리의 소원이었던 센터를 마련해서 컵라면을 그만 두고 밥과 국으로 나눌 수 있게 되었다. 그 후 국내의 많은 교회들의 집회를 인도했다. 그때마다 교회들은 헌신예배 헌금 전액을 노숙자 후원금으로 내주곤 했다.

간증 집회를 인도하고, 노숙자들의 밥을 하고, 찾아오는 사람들 상담하고…. 저러다가 병이 나지 싶어서 좀 쉬어 가며 일하라고 권면하면 한결 같이 이렇게 말한다.

"목사님! 걱정마세요. 저는 너무 건강해서 탈이예요."

그러더니 결국 우리가 염려했던 대로 병이 났다. 그것도 때를 맞춰 주안중앙교회에서 오병이어 콘서트를 하는 때에 말이다. 나는 이번엔 되도록 쉴 수 있게 하려고 아무 일도 하지 않도록 배려했다. 그런데 콘서트 사흘 전에 후원 약정 호소를 유사모가 해야겠다는 생각이 들었다. 내가 설교를 하든지 인터뷰를 하는 모습을 본 사람들은 이구동성으로 노숙자 목사님이 너무 씩씩하다고 했다고 하지 않는가. 노숙자 후원 호소를 하러 단상에 나온 유사모를 보고 다른 사람들은 마치 성냥팔이 소녀같다고 말했다. 왠지 후원하지 않으면 안 될 것 같은 마음을 준다는 것이다. 내가 성냥팔이 소녀같다고 했더니 그 별명이 별로 마음에 안 드는지 뾰로통하였다. 의미 전달이 잘 안 되었나 보다. 여하튼 무엇이 각 사람의 마음에 감동을 주었는지 모르나 이번 오병이어 콘서트에서 250명이 매달 정기적으로 후원하겠다며 후원 약정서에 약속을 했다. 그날 무리해서인지 유사모의 건강이 더욱 나빠졌다. 그런데 한 주일

후 부평감리교회 간증 집회를 인도하러 가겠다면서 또 고집을 부린다. 부평감리교회는 대형 교회이니 책도 많이 가져 가야 하고 아직 몸이 낫지 않은 상태여서 걱정이 되었다. 그러나 우리 모든 이들의 걱정 속에 부평으로 떠난 후 밤 열시쯤 전화가 왔다.

"목사님! 부평감리교회 간증 집회는 잘 마쳤어요. 그런데 부평감리교회에서 노숙자 특별 헌금을 전 교인에게 하게 해서 제가 그 자리에서 받았답니다. 목사님! 그 후원 헌금이 얼마인지 알아맞춰 보세요."

나는 그 금액을 전혀 알아 맞추지 못했다. 왜냐하면 그 헌금은 현재 두 달째 어려움을 겪고 있는 "소중한 사람들"의 적자 재정을 흑자로 돌려 놓기에 너무나 넉넉한 금액이었기 때문이다. 어젯밤 늦게 부평감리교회에서 간증 집회를 마치고, 오늘 새벽 두 시에 노숙자 밥을 하려고 센터 주방에 나타난 유사모는 정말 못말리는 고집불통이다. 나는 다시는 성냥팔이 소녀라고 놀리지 않기로 했다.

불씨를 얻으러

 한국에 일들이 많아지는데 부득이 미국에 다 녀와야만 한다. 그것은 미국 거리선교회에서 해마다 추수감사절에 하고 있는 사랑의 담요 나누기 때문이다. 사랑의 담요 나누기는 처음엔 내 가슴에만 있는 작은 소원에 불과했다. 추운 겨울에 거리에서 자고 있는 홈리스들의 몸이 종이처럼 구겨져 움츠리고 있는 모습이 눈에 들어왔는데 내 외투를 벗어서 덮어 주고 싶었다. 저들에게 따뜻한 담요로 덮어 줄 수는 없을까? 이 소원이 가슴에 들어오고 나는 그 소원을 주님께 아뢰었다. 그 후에 기적적인 사건을 통하여 주님은 사랑의 담요 나누기를 시작하게 하였고, 4년째인 지금은 미국 전역에서 사랑의 담요 나누기에 참여하고 있다.

나는 한국에 들어와 노숙자 사역을 하면서 한국이야말로 사랑의 담요 나누기가 절실히 필요한 곳임을 알게 되었다. L.A.는 아무리 추워도 한국의 초겨울 날씨보다도 따뜻하다.

미국 동포들이 모아준 사랑의 담요 나누기(서울 남대문 2005. 12. 23)

그러나 한국의 추위는 견디기 힘든 혹독한 추위다. 노숙자 사역이 시작된 올해 1월은 잠들기 어려운 밤이 많았다. 너무 추운 밤이면 길거리에서 자고 있는 노숙자들이 얼어 죽게 될까봐 염려가 되었기 때문이다. 새벽에 우리가 서울역에 나가면 작은 불기라도 만지려고 물 끓이는 국통 위에 앞다투어 손을 얹는다. 이제 또다시 겨울이 다가오니 국통 위에 올려졌던 그 까만 손들과 모진 추위를 굶주림과 헐벗음 속에서 이겨 내야 할 내 형제, 내 누이가 가슴을 아프게 저며온다. 그래서 미국에 다녀와야만 한다. 미국에 번지고 있는 사랑의 담요 나누기를 한국에도 번지게 해야 하기 때문에 담요 나누기 불씨를 얻으러 미국에 다녀오려 한다.

나는 요즈음 미국에서 사랑의 담요 나누기를 시작할 때보다 더욱 간절히 기도하고 있다. 살을 에이는 모진 추위가 이 땅에 오기 전에 그들에게 따뜻한 담요를 덮어 주고 싶어서…. 이 땅의 노숙자들이 겨울밤에 얼어 죽는 비참한 현실은 더 이상 있어서는 안 되기 때문이다. 내가 미국에서 돌아올 때쯤 이 소원이 이루어진다면 좋겠다.

나의 사랑! 나의 기쁨!
나의 면류관인
소중한 사람들

우리가 노숙자 사역을 하러 서울역에 나갈 때 플래카드에 무슨 말을 쓸까 고민하고 있었다. 마침 그때 누군가 "당신은 하나님께 소중한 사람입니다."라는 표어를 제시했다. 우리는 표어 뿐만 아니라 노숙자를 만나는 우리의 마음이 그들을 우리가 만나는 가장 소중한 사람으로 여기고 섬기며 행동해야 한다고 마음 먹었다. 그들이 비록 하나님의 형상을 잃어버리고 망가지고 이지러졌다 할지라도 그들은 여전히 하나님께 소중한 사람들이다. 그래서 거리선교회를 한국에서는 "소중한 사람들"로 부르도록 했다. 앞으로 노숙자들 뿐만 아니라 말기 암환자들을 비롯해서 외국인 노동자들, 그리고 탈북자들도 섬길 계획을 가지고 있다.

우선 우리가 노숙자들을 섬기는 이유는 그들이 하나님의 잃어버린 자녀임과 자신이 얼마나 소중한 사람임을 깨닫게 하여 하나님께 돌아오게 하는 것이다. 그들에게 조금씩 조금씩 변화가 일어나고 있다. 어느 노숙자는 이런 고백을 했다.

"목사님! 저는 목사님이 죽으라면 죽기라도 하겠습니다. 목사님이 하시는 설교 말씀을 어디 가서 들을 수 있겠습니까? 예수님의 말씀은 저희들에게 늘 용기를 줍니다. 저희들을 위해 이렇게 고생하시는 목사님! 정말 감사합니다. 새사람이 되도록 노력하겠습니다."

그들 중에 30세의 젊은 형제 김재신 씨와 38세의 오명환 씨가 변화되어 새로운 사람이 되어 가고 있다. 노숙자였던 그들이 이젠 센터에서 기거하며 노숙자 사역을 돕고 있다. 이 기쁨과 보람을 그 누가 알까?

목사들을 만나면 저마다 교회 넓이, 성도의 수, 헌금 액수 자랑에 끝이 없다. 우리 교회를 말하라면 나는 전국에서 땅값이 가장 비싼 서울역에 수백 명이 한꺼번에 앉아서 예배 드릴 수 있고, 식당도 겸하여 있고, 우리 성도는 천 명인데 새벽 5시 30분 예배에 거의 출석하고, 예배 끝나면 한 명도 빠짐없이 성도 전원이 아침 식사 교제를 나눈다고 하면 모두 입을 딱 벌리고 그런 멋진 교회가 어디 있느냐고 말한다. 나는 서슴없이 대답한다. 서울역에 있는 "소중한 사람들 교회"라고…. 다른 목사들에게 교회와 성도가 그들의 사랑이고 기쁨이고 면류관이듯이 나에게는 이 세상에서 가장 외롭고 가장 춥고 가장 배고픈 서울역 노숙자들이 나의 교회며 나의 성도이기에 나는 그들을 향하여 이렇게 고백하고 싶다.

"당신들은 나의 사랑! 나의 기쁨! 나의 면류관!"

06

나의 사랑! 나의 기쁨! 나의 면류관인 소중한 사람들

죽었다가
살아온 아들

아침 급식을 다 마치고 차에 물건을 싣고 있
는데 노숙자 한 사람이 자원 봉사자와 실랑이
를 벌였다. 실랑이가 아니라 나이도 많은 여자
봉사자가 일방적으로 당하고 있었다. 그가 입에 담지 못할 욕
설을 퍼붓는 이유는 배식 시간이 훨씬 지나서 왔기 때문에 아
침 배식을 받지 못한 불평이었다. 이 사람 저 사람 특히 여자
봉사자들을 따라다니며 욕을 하고 행패를 부리고 있는 것이
다. 우리 봉사자들은 너무 얌전해서 아무도 그의 무례한 행동
을 제지하는 사람이 없었다. 그러다 보니 여자 봉사자는 그의
행패에 견딜 수 없이 힘들어 하고 있었다.

나는 나에게 욕을 하고 행패를 부리는 것은 참을 수 있으나
자원 봉사자가 이유없이 당하는 것은 참을 수 없다. 그들은
새벽 2시부터 저 멀리 평촌, 산본, 구로에서부터 봉사를 하러
나온 사람들이기 때문이다. 잠을 못자고 음식을 만들어 나오
면 밥이 되다고, 질다고, 국이 싱겁다, 짜다고 투정하는 것은

이젠 우리는 콧노래처럼 듣는다. 배식할 때 조금만 속도가 늦으면 그릇을 깨뜨려 버리고 밥을 던져 버리는 사람도 있다. 그런 모든 것은 참아낼 수 있지만 여자 봉사자를 괴롭히는 노숙자는 더 이상 놔 둘 수 없었다.

"당신 더 이상 그 사람을 괴롭히면 내가 가만 놔 주지 않겠어. 왜 배식 시간에 못오고 늦게 와서는 행패야!"

내가 눈을 부릅뜨면서 그의 팔을 잡아챘다. 그랬더니 술주정 하는 체 하면서 다른 곳으로 슬금슬금 도망갔다. 노숙자들의 목사인 거리의 목사는 때로 그들에게 강하게 대해야 한다. 그렇지 않으면 그들의 무례한 기세를 잡을 길이 없기 때문이다. 받은 은혜와 사랑에 감사조차 할 줄 모르고 오히려 욕설과 행패로 달려드는 그들과 입씨름한 날이면 마음이 울적해진다. 그때마다 내가 속으로 수없이 소리내어 외우며 가슴을 쓸어내리는 말이 있다.

"죽었다가 살아온 아들! 잃었다가 얻은 아들!"

한 아들이 아버지가 준 재물을 외지에 나가 허랑방탕한 생활로 다 탕진하고 배가 고파서 견딜 수 없자 돼지들이 먹는 쥐엄 열매를 먹으며 연명한다. 그 아들이 거지의 모습 그대로 아버지에게 돌아왔을 때 아버지가 그 아들을 향하여 한 말이다.

전에 어린 아들을 잃어버린 부모가 직업을 다 버리고 오직 잃어버린 아들을 찾는 일에만 전념하는 기사를 본 일이 있다. 그 아버지는 십 년이 지나도 아들을 찾는 일을 중단치 못하고

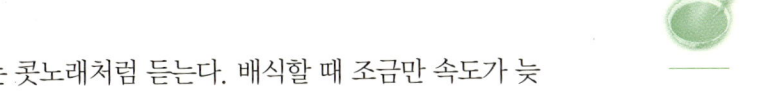

있었다. 아들이 돌아올 것을 기다리며 이사도 못가고 문을 잠그지 못하고 기다렸다. 그 아버지는 모진 그리움에 울먹이며 이렇게 말했다.

"아들이 살아서 돌아올 수만 있다면, 그 아들이 장님이 되어서 돌아오든지, 정신병자가 되어 돌아 오든지, 몸의 사지가 다 없고 몸통만 남은 채로 돌아오든지 상관 없다."

그저 살아 돌아오기만 한다면 더 이상 여한이 없겠다고 했다. 이것이 아들을 잃어버린 아버지의 사랑이고 심정이다. 노숙자! 그들은 하나님 아버지가 잃어버린 아들들이다. 밤마다 문 열어 놓고 기다리고 있는 하나님 아버지의 애타는 심정이 오늘도 나를 노숙자에게로 보내고 있다. 그들이 쓰레기통을 뒤져 배를 채우고, 알코올 중독자로 이리 비틀 저리 비틀 쓰러지며, 자신에게 사랑을 베푸는 사람들에게 입에 담지 못할 욕을 하고, 서로 머리가 터지도록 싸워서 피 투성이가 되는 모습일지라도, 사람의 모습이라고는 찾아볼 길이 없이 망가진 사람들이라도 주님은 어떤 모습이라도 상관 없다고 말씀하시면서 그들이 주님께 돌아오기만을 기다리고 계신다.

'그들이 대체 무엇이관대 그토록 사랑하십니까?' 내가 속상해서 물으면 바로 말씀하신다.

"그들은 나의 잃어버린 아들이란다."

죽었던 아들이 다시 살아온다면 그 기쁨을 무엇으로 표현할 수 있을까. 그 기쁨을 주님께 드리고 싶어서 나는 오늘도 주님이 잃어버린 아들들을 만나러 나간다.

군고구마 장사

내가 그를 만난 곳은 아침 급식을 끝낸 직
후였다. 그는 노숙자답지 않게 눈이 살아 있
었다

"목사님! 제가 재활할 수 있도록 센터로 데려가 주세요."

그 외에는 자신의 신상에 관하여 아무 말도 하지 않았다.
대체로 노숙자들은 자신을 드러내는 일을 가장 싫어한다. 그
러기에 스스로 밝히고 싶을 때까지 기다려 준다. 그를 센터로
데리고 와서 깨끗한 옷을 입히고 보니 정말 저런 사람이 왜
노숙자가 되었을까 할 정도였다. 그는 센터에 이미 들어와 있
는 할아버지를 아버지처럼 잘 섬겼고, 자기보다 아우뻘 되는
박군을 동생처럼 보살피며 지내고, 서울역 노숙자 밥을 짓는
일이며 설거지 일을 도우며 지냈다. 무엇보다 그는 하나님께
로 돌아왔다. 새벽 기도와 예배 때마다 맨 뒷자리에 앉아 남
모르게 울고 있는 그의 모습이 내 눈에 들어왔다.

보름이 지나면서 그가 서른여덟 살의 미혼이라는 것과 사

업하다가 실패하여 거리로 나오게 되었다는 정보가 들어왔다. 아마 설거지를 같이 하면서 봉사자들이 물어서 나온 정보인가 보다. 그것이 그의 이름이 오명환이라는 정보를 들은 후에 받은 두 번째 그의 신상 정보이다.

그런데 그가 며칠 동안 부지런히 밖으로 돌아다니는 것이었다. 일자리를 찾는 것이라면 좋을텐데…. 노숙자들은 잘 있다가 어느 날 전혀 돌변한 모습으로 나와서 나는 그때마다 당황하였기 때문에 아직 마음이 놓이지 않았다. 밖으로 돌아다닌지 열흘쯤 지난 후에 그가 어렵게 입을 떼었다.

"목사님! 이 동네 주변을 여러 날 다녀 보니 군고구마 장사가 잘 될 것 같아요. 제가 군고구마 장사를 해 보려고 하는데 어떠세요?"

나는 그가 너무 대견하여 왈칵 안아 주고 싶었다.

"정말 잘 생각했어요. 그래 장사할 자리는 봐 두었나요?"

"센터 옆 상가 앞이 좋을 것 같아요. 저도 아직 용기가 없어 멀리는 못가요. 노원역 쪽으로 가면 사람들이 많고 장사도 잘 될 테지만 센터 곁에서 하고 싶어요."

우리 소중한 사람들에서는 그에게 군고구마 장사를 할 수 있게 사업 자금을 보조해 주었다. 그는 물건을 구입할 때마다 가장 싸게 구입하는 곳을 꼼꼼히 챙기더니 드디어 월요일 개업을 하게 되었다. 나는 봉사자들에게 오씨의 개업 예배를 알렸고, 월요일 10시 30분에 센터에서 군고구마 개업 예배를 드렸다. 예배를 드리는 우리 모두는 진정으로 오씨의 새로운 삶을 축복해 주었고 주님 앞에서 그의 새로운 삶이 행복하기를 기도해 주었다. 예배에 모인 우리는 눈물의 예배를 드렸다. 그때 가장 많이 눈물을 흘린 사람이 사람이 오씨임은 말할 것도 없다. 오씨는 부지런히 고구마를 구우며 장사를 하고 있다. 그리고 일주일만에 우리가 빌려준 사업 자금을 다시 되돌려 주었다. 나는 센터에 오가며 그 모습을 차창으로 지켜보고 있다. 그때마다 밀려오는 감격과 기쁨을 누가 맛볼 수 있을까. 머지 않아 오씨 옆에 착하고 예쁜 아내가 서 있기를 바란다. 오씨는 우리 센터의 첫 열매이고 내가 이 일을 더욱 열심히 할 수 있게 하는 기쁨이 되었다.

미국 거리선교회

홈리스들을 돕기 위한
후원자가 되어 주세요

■ 사역 소개

홈리스들에게 하나님의 사랑을 전하고 하나님의 말씀으로 그들의 삶을 변화시켜 새로운 삶을 살아갈 수 있도록 도와주는데 힘쓰고 있습니다. 평균 100여 명의 홈리스들과 매일 아침, 연중 무휴로 예배 드리고, 아침을 제공하며, 여러 가지 봉사 활동을 펼치고 있습니다. 또한 홈리스 재활센터를 운영하여 홈리스들을 건강한 사회인으로 복귀시키는데 최선을 다하고 있습니다.

■ 매일 아침 식사 제공을 도울 후원자

로스앤젤레스 다운타운의 6가와 San Pedro Street에서 매일 아침 7시에 홈리스들과 함께 예배 드리며 식사를 제공하는 일에 참여하실 수 있습니다.

■ 홈리스 재활센터 운영을 도울 후원자

재활 훈련을 통해 건강한 사회인으로 복귀시키기 위하여 마련된 재활센터 운영에 참여하실 수 있습니다.

이 사역들의 연속성을 위해서 많은 분들의 참여가 필요합니다. 저희 선교회를 통해 홈리스들을 돕고자 하시면 아래 연락처로 연락을 주시거나 **www.streetla.org**에서 신청하여 주시면 매달 소식지를 보내드리겠습니다.

 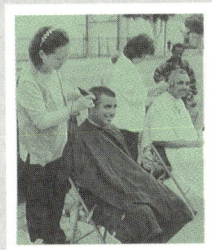 

후원금 수표는 "The Street Mission"으로 써주시고 다음과 같은 주소로
보내 주시기 바랍니다. (본 선교회는 연방 정부에 비영리 단체 등록을 하였
으므로, Tax Return을 받을 수 있습니다.)

Pay to   The Street Mission
Address The Street Mission
             P.O. Box 57479 Los Angeles CA 90057

미국 거리선교회
The Street Mission, L. A. 1856 w. 11th place, L.A. CA 90006
Phone 323-810-0691, 213-385-4515,
E-Mail streetla@yahoo.com
www.streetla.org

소중한 사람들을
후원하시려면

■ 노숙자들의 아침 식사 제공

서울역에는 하루 1,000여 명의 노숙자들이 서울역 남대문 5가 지하도에 무료 급식을 받기 위해 모여들고 있습니다. 이들에게 따뜻한 국밥 한 그릇을 줄 수 있는 후원자가 필요합니다. 1,000원이면 한 사람에게 따뜻한 국밥을 대접할 수 있습니다.

〈급식 일시와 장소: 매 주일과 월요일 아침 5시 45분부터 6시 45분까지 서울역 남대문 5가 지하도〉

※ 찾아 오시는 길 : 서울역 지하철 3번 출구로 나와서 100m 정도 올라오시면 YTN방송국이 나오고 지하 보도가 있습니다.

■ 서울역 – 소중한 사람들의 "시냇가"

24시간 노숙자들의 무료 편의시설로 운영될 예정입니다. 현재 샤워 시설이 되어 있으며 간단한 의료 봉사, 세탁, 간식, 상담 등이 제공됩니다. 24시간 운영될 것이므로 많은 자원 봉사자들이 필요합니다.

〈주소 : 서울특별시 중구 중림동 128-18 제1호〉

※ 장소 : 서울역(서부역) 철도 화물 길 건너편

※ 봉사문의 : (02) 978-3877

■ 재활센터 운영에 참여할 후원자

사역 현장에서 재활 가능성이 있는 노숙자들이나 사정상 집을 잃어 갈 곳이 없는 사람들을 돕기 위해 센터 운영을 위한 후원자가 되실 수 있습니다.

〈주소 : 서울 노원구 중계2동 503번지 중원초등학교 앞〉

※ 찾아 오시는 길 : 지하철 중계역 4번 출구로 나오셔서 중원초등학교 방향으로 약 100m 정도 오시면 됩니다.

■ 말기 암환자 무료 요양소에 참여할 후원자

현대 의학으로도 고칠 수 없는 말기 암환자들 중에는 갈 곳이 없는 분들이
의외로 많습니다. 이분들이 여생을 편히 보내실 수 있도록 도움을 주는 곳
이 많이 부족합니다. 이미 마련된 땅에 건축하는 일을 돕는 후원자들이 필
요합니다.

〈주소 : 경기도 가평군 청평면 220번지, 220-1번지〉

이 사역들의 연속성을 위해서 많은 분들의 참여가 필요합니다. 저희 선교
회가 하는일에 동참하시기 원하시면 아래의 연락처로 연락을 주시거나
www.sojoonghan.org(한글 주소:소중한 사람들)에서 신청하여 주시면
매달 소식지를 보내 드리겠습니다.

사무실
주소 139-785 서울 노원구 중계2동 503번지
전화 (02) 978-3877
HP 010-2499-9106, 011-9779-3045
Fax (02) 973-0678
E-Mail streetla@naver.com
www.sojoonghan.org (한글 주소 : 소중한사람들)

후원계좌
농협 1129-01-035507 소중한 사람들
〈자동 납부(CMS)로 신청하시면 쉽습니다.〉